U0940651

练

ICH SEHE WAS,

新视角、新行动和更好的结果

WAS DU NICHT SIEHST

[德] 弗劳克·伊恩 著
李玮 译

北京日报出版社

图书在版编目（CIP）数据

练习转念：新视角、新行动和更好的结果 / (德)弗劳克·伊恩著；李玮译. -- 北京：北京日报出版社，2023.1

ISBN 978-7-5477-4375-1

Ⅰ. ①练… Ⅱ. ①弗… ②李… Ⅲ. ①心理学 Ⅳ. ①B84

中国版本图书馆CIP数据核字(2022)第149038号

北京版权保护中心外国图书合同登记号：01-2022-3770

Published in its Original Edition with the title
Ich sehe was,was du nicht siehst
Author:Frauke Ion
By GABAL Verlag GmbH

The simplified Chinese translation rights arranged through
ZONESBRIDGE AGENCY.
本书中文简体版权由中世汇桥版权代理安排引进。
Email: info@zonesbridge.com

练习转念：新视角、新行动和更好的结果

出版发行：北京日报出版社
地　　址：北京市东城区东单三条8-16号东方广场东配楼四层
邮　　编：100005
电　　话：发行部：（010）65255876
　　　　　总编室：（010）65252135
印　　刷：天津创先河普业印刷有限公司
经　　销：各地新华书店
版　　次：2023年1月第 1 版
　　　　　2023年1月第 1 次印刷
开　　本：889毫米 × 1194毫米　1/16
印　　张：14
字　　数：152千字
定　　价：68.00元

目 录

第五颗星——我们的五星级结果

日常应用：

通过转念来获得成功

序言：从“权力导向”到“能力导向”

这真是一本恰合时宜的书！为什么这么说？当下我们正处于一种进程中：由等级式的权力文化向扁平式管理的能力文化过渡。权力状况正在失去重要性，而对于事件的实际效果则越来越引起人们的重视。因此，领导者开始基于合理的决策来赢得人们的认同，而不再是用职级和压力来表达权力。

员工需要认同领导层的管理方式，但同时问题也就来了：领导者如何获得员工的认同？答案是：设身处地地站到员工的位置去看待问题。在理想情况下，必要的区别处理有助于释放员工的全部潜力。在这一点上，重要的是能够用不同的观点去看待他人，从另一个角度去获得认同，即改变立场。这种心理上的锻炼适用于所有领域，无论家庭、公司还是朋友间的日常交往。

新视角、新行动和更好的结果

弗劳克·伊恩的“五星原则”恰恰提供了这种差异化技术。它有助于思维方式的转变（“转念”），并详尽切实地为“转念”提供了逻辑上的理解途径，它是一种强有力的工具，展示了“新视角、新行动和更好的结果”这样三位一体的方式——即“五星级结果”。

毕竟，结果是品格和执行力的名片。顶级的效率需要顶级的团队，而顶级的结果需要顶级的协作，这非常具有挑战性。现在的员工大多受过良好的教育培训，普遍具有建设性、判断性和高要求。他们希望自己的表现能得到公平的报酬，同时又不至于失去批评的能力。他们明白："没有我们，管理者什么都不是。他需要我们的专业知识。"一个人高高在上指挥一切，其他人只是执行机器的时代已经过去了。然而，员工也意识到："没有老板，我们什么也不是，他能将不同的个人技能组合起来，创造出一个共同的成果。"这种平衡的思维对未来至关重要。

这种互惠方式也适用于其他生活领域。例如，人际关系不再以依赖为特征，而是从接受不同伙伴的差异性中获取巨大成果。这样，就可以达到一加一大于二的效应。

结果：关于行动及其效果

"结果"，一个带有爆发力的词。无论管理者还是员工，无论家长还是孩子，于公于私，我们都需要建立一个"结果"的世界。否则，无论多么华丽的辞藻都会被"结果"带来的冲击一扫而空。"结果"也不仅仅是通过数字、权力的下放和责任的索取来表现公司的受信任程度。相信更快速的信息交换渠道，才可以使企业发展得更迅速。这才是一个好的结果，一个五星级的结果。

"我们看待问题的方式就是问题所在。"史蒂芬·柯维[1]一次又一次地强调说。正是这种理念使得弗劳克·伊恩创作了这本书。只会采用一种方式做事的人不能指望他会有更好

1. 史蒂芬·柯维，美国著名的管理学大师，他是世界 500 强企业众望所归的新智慧学家，著有畅销书《高效能人士的七个习惯》《领导者准则》等。——译者注

的结果。

很多事情都需要改变。但在变革之前，需要一种新的思维方式，也就需要不同的观点！我们有时候缺乏头脑的灵活性，那么是不是可以用尝试的态度站在不同的立场上，以便做出明智的决定，让思想超越所有的精神限制或者社会约束。这会是很棒的感觉，难道不是吗？

“结果”越来越多地成为社会的产物。但这是一个平等的世界吗？从权利和义务方面来讲，有时候也许是，但当从个人能力和天赋方面来看的话，则不一定了。其实在最好的情况下，每个人都能够根据自己的可能性为某个结果做出贡献。多样性管理——对于领导团队来讲是一门伟大的艺术，其中也包括“家庭”这个团队。但问题是：如何使每个人都能成为最好的个体？

如果想在这种颇有难度的挑战中获得成功，就需要每个人找准自己的定位。只是认识到这个要求当然是不够的，人们还必须能够切实做到，而且最重要的是要从心底想要做到。对于管理者而言，这意味着他们能够，并且愿意适时地转换自己的角度。这是一项巨大的脑力劳动。只有那些能够设身处地地从员工的角度去感受他们才能的人，才会被员工认可。在培训中，我不止一次地注意到，能够以闪电般快速且不带偏见的方式转变观念的能力是那些成功领导者的一大杰出技能。

集体中的个性化

在以权力为导向的时代，个体差异意味着竞争。因为这种差异会产生质疑，进而会对领导层的权威性形成威胁。而现在，在这个以能力为导向的新世纪，个体差异则意味着多样化和利益。一台经过精细调整过的发动机，它所提供的动力一定是超过每一个小部分相加之和。

在古代，缺乏安全感的希腊人来到奥林匹斯山上的神庙祈求神谕，以减少对于不确定的未来的不安。但是，阿波罗神殿中的石刻上写着什么？“了解你自己！”这些神谕表达了模棱两可的含义。那些只会盲目地相信神谕，却没有去自我反省的人很容易就会成为他拼命想要避免的那种命运的受害者。了解自己是一种自我认知能力，面对它，并接受它，这其实是一门伟大的艺术。这门艺术的特点在于，从不同的角度看待自己，勇敢地承认、接受自己内心消极的部分，而不是徒劳地试图将其隐藏起来。

五星原则绘制出了一幅如何改变看法的蓝图

每一次意识上的改变都会给精神带来痛苦，这将会是一件非常费力的事。而五星原则为“转念”提供了蓝图，同时用一种有力的方式将知识与情感活跃度联系起来，使人们可以从这种探索和巨大的精神财富中获得喜悦。

你可以将这本书作为一个工具，通过新的视角，将你的生活上升到一个新的水平。让我们行动起来吧！

鲍里斯·格荣多

高级培训师、德国格荣多领导学院创始人

前言：新视角、新行动和更好的结果

观察者视角

“我看得到你看不到的！”——孩子们喜欢通过自说自话的游戏来消除在乘车旅行时候的无聊，或者以此来打发漫长的等待时间。而成年人在这种时候更偏向于观察眼前突然出现的物体的颜色、形状、质地……由此我意识到，一切事物都是通过观察者的视角来具象化的。换句话说，这是一个看法的问题。也许一个常见的物体，对有些人来说，看起来是正方形的；对另一些人来说，则是长方形的。在有红绿色弱问题的人眼中，绿色的物体是灰色的。显然，不同的参数会妨碍人们对事物描述的一致性。

我们在面对他人的时候，当对方不同的需求、观点和行为进入我们头脑中“意识盒子”的时候，我们都会首先假设自己的需求、观点和行为是唯一合乎逻辑的。我们从自己的角度去看世界，无法理解正方形为什么会突然变成长方形。我们大声喊出自己的想法：“我看到的可不是这样！”又或者是：“你又知道什么！”结果往往是误解、冲突和争吵。

但是为什么其他人不会像我们所期待的那样去做，甚至会做出完全相反的举动？从会思考开始，我就在琢磨这个问题。今天，在经过多年的作为经理、人力资源开发培训师和教练的经历之后，我找到了解释。每个人都有个性：人们所感知的，是由其个人需求、观点和行为组成的独特“指纹”来决定的。

人格的三个方面：需求、观点和行为

需求、观点和行为建立在彼此之上，它们相互影响——这种因果链使我们形成了自己特有的独立人格。

这其实很简单，难道不是吗？有些时候我问自己，我是什么时候有了这些认知的。是什么让我了解了人格的三个基本方面？我得出的结论是，在与他人的互动中，运用这些知识对于我们人类的共存、动机的相互理解，以及最终实现的结果至关重要。这种认识让我着迷，并不断地激励我，使我情不自禁地开始阅读、研究、思考、讨论并由此发展出一个原则，旨在帮助我的客户通过研讨和训练得到五星级的成果：五星原则。

图 1　五星原则及其因果关系

这五颗星代表人类个性的三个方面，即需求、观点和行为，以及作为转换器官的大脑和我们行动的结果。

五颗星的因果关系

我的五星原则是基于这几颗星的因果关系之上的。人格核心的基本需求（第一颗星）取决于我们的内心冲动和动机，这些是我们想努力满足的。除去如文化、教育、经验、阅历等因素，这些动机各自的表达方式，构成了所谓的“动机结构”，这对每个人的观点（第二颗星）都会产生影响。我们的大脑（第三颗星）就像是个“转换器”，它将观点转化为具体的（无论有意识还是无意识）行为（第四颗星）。正如保罗·瓦兹拉威克[2]所说，我们往往“不得不沟通”，同理，我们往往也“不得不”有所行为（表态）。毕竟，我们做什么或不做什么都会产生一个结果（第五颗星）。

那么我们需要做些什么才能获得一个稳固、一流、五星级的结果？这就需要明白，我们的需求以及观点会引发某种行为，从而出现某些理想或不太理想的结果。因此，如果我们想要不同的结果，首先需要认识、理解和改变我们的观点和行为。

如果我们一直以来所做的总是同样的事，那么自然也总是只能得到某一个结果。

每个人看世界的角度都是独一无二的

“我看得到你看不到的”——其实在成年人的世界中，仍旧在不知不觉地继续着童年的游戏。你是什么时候最后一次和别人说“我完全不是这样看的”？每个人看世界的角度都是独一无二的。

这并没有什么不对。我们要做的就是学会接受其他观点，以避免冲突和误解。但属于我们自己的观点往往根植于心，改变和更新它们并不容易。

你觉得杜宾犬会做什么？

例如：想象一下，你正在沿着大街慢慢走着，一切都风

2. 保罗·瓦兹拉威克，是一位出生于奥地利的美籍心理学家、传播理论学家与哲学家，他是传播理论的领军人物。——译者注

平浪静。突然，一条杜宾犬出现在你面前。这条杜宾犬没有被绳子或锁链牵着，四周也看不到它的主人。在你面前的只有这条半人多高、耳朵耸立、牙齿尖锐的大狗。

图 2 杜宾犬

如果这时候你觉得“我不能完全确定这家伙是不是很危险”，那么你将采取什么样的行动呢？显然你不会贸然接近它，或者以任何方式与它有什么直接接触。你会尽可能地保持安全距离从这条狗旁边走过，避免任何可能导致情况失控的事情发生。

那好，我们再回到这个场景，但改变下我们的看法和行为：一条杜宾犬出现在你面前，耳朵耸立、牙齿尖锐。它没有被牵着，周围也没有它的主人。你的观点是：“杜宾犬，真是一种相当帅气的动物，充满个性的一种狗，比那些吵闹的，见到人就扑上来抱大腿的小傻狗好太多。”

那么现在你会有什么样的行动呢？可以肯定的是，你不会害怕它，甚至可能会在这条狗熟悉了你的味道之后和它有进一步的接触。

也许你会走到它身旁，和它一起等待那位刚刚转过街角，姗姗来迟的主人。因为这条狗，你和它的主人攀谈起来，于是生活中又多了一位朋友。这当然是完全可能的一种结果。

而另一个可能：你走在街上，对面冲出来一条杜宾犬，耳朵耸立、牙齿尖锐。同样是没有牵绳子，也同样是四周看

图 3 杜宾犬
——从一个角度

不到它的主人。

这时你的观点是：“小心！杜宾犬可是很有攻击性的一种狗，哪怕面对的是小孩子也可能一口咬上去！”

在这种情况下你会有什么样的行动呢？没错，你会尽一切努力和这条狗保持距离。你的直觉会说“逃跑或者攻击”，遗憾的是现在你没有什么可以防身的家伙。你对接下来怎么办一筹莫展，只知道要尽一切可能避免与这只动物有接触。为什么会这样呢？因为你的需求被自身的风险回避意识激发了起来，而且“和狗在一起是设想中最严重的状况”这一观点已经深深刻在了你的脑中。

也许是你曾经被狗咬过，或者你所认识的人被狗咬过，又或者是你在报道中看到过有人被这样的杜宾犬咬了。

图 4 杜宾犬
——从另一个角度

更确切地说，“观点”深植于我们的意识当中且特别牢固。从这方面来说，它可以和我们鼻子上架着的眼镜做比较。离开眼镜我们就看不清东西，我们通过眼镜来观察这个世界——同样，我们通常也认为自己的角度是唯一正确的。在生活

观点是永久性的

中的很多情况下，我们的观点帮助我们找到方向，支撑着我们去解决各种情况。但是，如果一个观点显得不是那么“正确”，不能被理解，不是那么完备或者仅仅是不那么恰当的时候呢？可能就会得到我们并不想要的结果。当然有时候也许这个不理想的观点也能改变行为并促成所需的结果。但从长远来看，改变观点才能持续性地改变行为，并产生预期的结果。

改变观点达到五星级结果

这个理论不仅适用于人们的个性，也可以很好地运用到公司管理上来。每家企业都有基本需求，比如获利、扩大规模、获得新客户或占有更高的市场份额。这些需求会影响公司参与者的观点和行为，并产生相应的结果。

例如：一家大型公司的销售部门希望将交易额提高百分之二十。那么让我们来观察销售团队当下的行为是否符合预期的结果吧。如果团队能够实现预期的结果，那就没有必要采取行动。如果不能，仅仅通过销售培训来学习新的行为方式，增加销售话术，培训异议处理或挖掘更多促成交易的理由是不够的。

必须改变观点，以适应期望的结果。当公司管理层转变观点并从不同的角度看待结果和行为时，它们可以抵消员工的“消极观点”，帮助他们放下成见并接受新的观点。

我们肯定都想要五星级的结果，对吧？在酒店行业，五星级代表着：经过验证的质量、高标准和优质的服务。五颗星是值得去追求的品质标志：能力、效率、质量、优秀领导力、稳定的价值和一流的成果。如果你能经常转变观念看问题，你也可以获得五星级的结果！用不同的眼光去了解需求、观点和行为，学会从别人的角度，看别人所看到的东西，你会得到更好的结果。

你对这本书有什么期待？

本书建议你转变视角，因为它是成功的关键。它将向你展示改变视角所带来的巨大机会，以及如何通过提高对我们内心动机的认识，改变我们的观察和行为方式来达成五星级结果。读完本书，你不仅会更了解自己的需求、观点和行为，而且还能够学会如何影响它们。最重要的是，你将了解如何在工作和生活中成功运用这些知识。希望通过阅读本书你能获得很多乐趣，也能通过我的五星原则获得五星级成绩。

导论：五星原则

理解和接受他人的个性,是达到五星级成果的先决条件。为此，如果想做到换位思考，通常就需要我们改变观点，使我们能够更准确地定位他人人格的各个方面（需求、观点和行为），进而产生理解并在沟通中加以考虑。

一切行为都会有结果

五星原则，作为人格因素的因果关系模型，为此提供了基础。这里的“因果关系”意味着每一个星级原则都是下一个阶段的先决条件。我们想要满足的需求对我们如何看待这个世界所产生的影响是决定性的。自己如何看待这个世界,那么相应的行为也就会如何发展。由此，我们不能不采取行动，将所有的情况引导向某一个结果。至关重要的是，这个结果在中长期都可以满足我们的需求。我想在接下来的内容里，向你解释如何更加详细地定义这些个性方面。

需求

第一颗星代表一个人的需求。包括基本的生存需求，如吃、喝、睡眠和繁衍，也包括社会归属感

和安全感。

我们在日常生活中，很多无意识的行为都是为了去尽量满足这些需求，我们觉得饿了，就会去吃东西；我们觉得渴了，就会去喝水；我们觉得孤单寂寞了，就会约朋友们出来见面；我们感到累了，就会躺下休息；等等。人们无意识的行为总是尽可能地让自己感到舒适。

史蒂文·赖斯提出的“生命动机”

美国心理学家史蒂文·赖斯[3]据此描述了人类的16种基本欲望，也叫16种生命动机，即我们的内在冲动，促使我们在各种情况中采取相应的行动。在人类8~12岁，人与人之间不同的个性开始发展并逐渐成型，这是由我们的基因决定的。通常情况下，我们的个性在整个生命历程中都不会改变。如果有所改变，也只是在经历了对精神有巨大刺激性的事件之后，例如，命运的巨大打击，生活的重大变故或者其他会造成精神烙印的事件。即便如此，这通常也不会产生根本性的改变。

顺便说一下，动机需要稳定、反复地被满足。仅仅实现一次是不够的，它们需要持续的关注。

观点

第二颗星象征着一个人的视角、信念、信仰、思维方式，从而象征着他对世界的看法：一张个人心理地图。观点不像“动机”那样由基因预先决定，而是

3. 史蒂文·赖斯，美国俄亥俄州立大学心理学和精神病学教授。他首先提出了16种基本欲望理论，著有《我是谁：成就人生的16种基本欲望》等。——译者注

由我们成长中感受到的文化、体验和我们接受的教育塑造而成。我喜欢用眼镜做例子来形容一个人的观点。一副眼镜，是专门为某个需要它的人而制作的。

通过它，这个人清楚地看到了世界。然而，对另一个人来说，透过这副眼镜只能看到模糊的影像。这种个人感知对我们的行为产生了很大影响。当我们确信某事时，这些观点将会反映在我们的行为当中。

一副特殊的眼镜

观点和信仰非常牢固，难以改变。然而，观点的改变是达成理想结果的关键。为此，首先必须创造一个意识，并且这个意识能够为大脑提供新的冲动、图像、见解、奖励等。如果观点能够发生变化，大脑就将会自动地发送相应的信号并使行为发生改变。

大脑

随着第三颗星的出现，大脑开始发挥作用。它通过需求和观点来获得冲动，并将其转化为某种行为。

例如：你的有序动机表达得特别强烈，这意味着你希望一切都井然有序——不仅是在空间上，结构上也同样如此。你注重细节，喜欢组织和计划，这种动机结合了“秩序就是一半生活”的观点。你的大脑现在会将你的需求与观点结合起来，从而产出一个结果并将其转化为特定的行为：今天你可能会列出一个待办清单，规划你的日程，创建一个架构，最大可能地使一天的事情都有条不紊地进行。

大脑是个“转换器”

大脑这部分可以被放置在我们所描述五星原则的因果关系模型中的任何地方。没有大脑，我们就无法识别需求从而不能感知观点，更不用说解释我们的行为或者衡量结果。如果没有大脑的功能，也就无法想象其他四颗星的存在。

行为

现在我们来到了第四颗星，也就是受前三颗星影响的“行为”：需求（或动机）与观点相结合引导我们走向某个方向，而大脑则最终决定进行某个动作，尽管这往往是在无意识中进行的。这就意味着，大脑引导我们所进行的动作，并不总是会对完成目标有促进作用。但这也并不意味着我们完全被大脑“征服”。我们可以反思自己的行为，在认知上影响它，并且有意识地做出与往常不同的表现，从而使其为结果服务。

优先行为方式

一般而言，我们都会受到行为偏好的影响：这些行为模式已经被证明是让我们感到舒适的行为模式，并经常帮助我们满足社会需求。毕竟，我们生活中的文化和社会对我们的日常行为有着巨大的影响。我们对行为的期许与行为本身是彼此相关的，它们往往保持一致，不会发生冲突。

结果

无论我们是否采取行动，都会产生某个结果，这就是五星原则的第五颗星。由于某人的结论，导致最终结果的盖棺定论，没什么能比这对我们造成更直接的影响了。对此我要明确我的宗旨：对于这种情况的发生，你不能为自己在其中的表现找借口。

如果你正在寻求更好的结果，甚至是五星级的结果，那么就需要确定哪些行为会支持这个结果，哪些不会。但只是某次行为的改变往往是不够的。如果你想长期和永久地改变行为方式，就需要一个不同的视角。只有这样，才能不断地满足中长期需求。

改变观点以获得更好的结果！

你当然知道“道路就是目标”这一说法。但当你不知道应该如何前进的时候，要怎样确定哪条路是正确的呢？五星原则提供了一个“指南”，帮助你一点点地了解你想要的结果，同时也会使你了解其他几颗星的作用。

在接下来的内容中，我会与你携手并进。让我们一起，有意识地反思、理解，并最终更加深入地思考那些迄今为止你也许经历过的五星级结果。使你在未来的各种交往中更加细心，能够将自己的生活变成期盼的模样。

第一颗星

——

我们的需求

需求是什么以及它们是如何产生的

在心理学方面，有许多关于人的动机的理论。事实上，这些理论都一致认为，需求或动机驱动人们并触发某些行为。人们通过这些行为来满足某些需求。几十年来，科学家一直在寻找这些相似的动机，这些动机是某些特定行为方式的驱动引擎。下面我为你选择了一些最常见的理论。

亨利·默里

主要需求与次要需求

亨利·默里的《人格的探索》一书于1938年出版，专注于对成就动机的探索。他区分了主要和次要需求：主要需求基于饥饿、口渴等这样的生理现象而产生；次要需求包括成就、从属关系、独立性、服从或秩序等。由此默里提出了一个需求层级：对食物和水这样的主要需求是最重要的，必须首先得到满足。在默里看来，一个人的行为取决于具体情况的环境刺激，但也取决于自己的内在冲动。因此，次要动机是人类在其一生中都要不断获取的，且会积极发展的需求。

亚伯拉罕·马斯洛

马斯洛的需求金字塔理论

亚伯拉罕·马斯洛是最著名的需求理论家之一。他的需求层次理论于 1943 年提出，至今仍被视为科学考察人类动机的基础。金字塔由五个需求层次组成：

1. 生理需求：确保生存的基本需求，如食物、睡眠、呼吸等。
2. 安全需求：预防疾病、事故等不可预见的事情，以及对薪水的需求，有序的生活条件等。
3. 社会需求：团体归属感、友谊等。
4. 尊重需求：自信，对尊重和认可的渴望。
5. 自我实现需求：追求独立、个人发展，挑战性和有意义的活动。

据此理论，人们在开始进行某些行为以满足下一个更高层次的需求之前，会首先寻求满足较低层次的需求。

弗雷德里克·赫茨伯格

赫茨伯格的双因素理论与马斯洛需求层次理论同为关于工作动机的研究方向，也是全球最著名的动机理论之一。赫茨伯格区分了两个因素：激励因素和保健因素。

双因素理论：激励因素和保健因素

激励因素会影响自我表现的动机，其主要来自工作内容。这个因素可以影响员工的满意度，但这点即使得不到满足也不一定会导致不满。追求成长和自我满足是这里的重点。激励因素包括绩效和成功、认可、工作内容、责任、提拔和晋升以及成长。

对于保健因素，赫兹伯格将其解释为，如果它们是积极的，可以防止员工不满情绪的发展，但不足以确保提升满意度。虽然人们通常不会有意识地感知到它们的积极存在，但当相应的因素是消极的时候，人们会认为这是一种缺陷，进而引起不满。保健因素包括薪酬、人事政策、管理方式、工作条件、员工与主管之间的关系、工作保障以及对私人生活的影响等。

克雷顿·奥尔德弗

克雷顿·奥尔德弗的 ERG 理论是对马斯洛需求层次理论的进一步发展，专注于公司员工的需求。奥尔德弗划分了三种需求：

1. 生存需求：生理、财务以及非财务的奖金与基本薪资、工作条件。
2. 关系需求："社会"需求，如归属感、亲情、重视感和尊重感。
3. 成长需求：人对实现自我和生产力的追求。

ERG 理论：自然需求与文化需求

奥尔德弗将需求分为（绝对）自然需求和（相对）文化需求。自然需求在很大程度上独立于人类的自由意志和社会环境之外。这些包括满足饥饿和口渴，以及实现自我保护和物种保护的本能，比如性本能，属于社会以及社交圈和家庭的安全感。而其他所有进一步的动机都是相对的，这取决于周边文化影响：自然环境、社会发展状况、自身在社会中的地位，以及特殊的人际关系等。

爱德华·德西和理查德·瑞安

三种基本心理需求

30 多年来，美国心理学家爱德华·德西和理查德·瑞安一直在推广自主理论庇护下的“小理论”。其基础是假设一个人的动机是由三个基本的心理需求决定的，即对能力(效果)、自律/自主（自治）和社会归属（从属）的需要。

三种心理需求的满足是为了实现个人发展，达到心理健康。

外在与内在动机

在他们的“自我决定理论”中，德西和瑞安明确指出人类可以同时拥有内在和外在动机。内在动机取决于一个人自我决定能力的程度，以及寻求挑战、独立证明自己能力的自然倾向。而如果发生了一个为了逃避惩罚，或者与当前任务无关的原因引发的行为，我们则称其为外在动机。

史蒂文·赖斯

在20世纪90年代中期，当美国俄亥俄州立大学教授、心理学家史蒂文·赖斯在病痛住院之时，他仍旧想弄明白是什么在激励着人们，驱动他们的是什么，他们渴望的是什么。康复后，他开始研究并发现了科学动机理论的一个空白。到目前为止，还没有用于分析内在动机结构的模型。紧接着，赖斯深入调查了总共7000个科目的九项大型研究，期望搞清楚是哪些“最终动机”在驱使着人们。通过这些调查，他列出了16种可以激励人们行为的基本生命动机（个别动机较晚些才被定义）：

16种生命动机

1. 权力

2. 独立

3. 好奇心

4. 认可

5. 有序

6. 储存 / 收集

7. 荣誉

8. 理想主义

9. 社交

10. 家庭

11. 现状

12. 报复 / 攻击

13. 性与美

14. 食物

15. 身体活力

16. 安宁

这些动机是人类行为的“最终目的”，我们将其视为生命的基本价值甚至最终意义。由此，生命的 16 种动机是内在激励因素，它们从根本上决定了是什么可以给我们力量，为此我们又要付出多少努力。在表达动机时，每个人都是不同的。赖斯认为，需求状况在很大程度上是由基因决定的。另一方面，成长的文化和环境，以及个人经历，又决定了个体会用何种方式去满足这些动机。

结论：有各种动机理论来解释人类的行为。一些人比如西格蒙德·弗洛伊德[4]，就是以情欲为理论基础。另一些人却坚信人类的动机是一种本能，例如威廉·麦独孤[5]。还有一些人则认为需求和动机决定了人类的行为。对于我来说，作为一名多年来一直致力于“动机”主题的人力资源开发人员，我认为动机是非常明确的“行为原因”。之所以会有这种结论，很可能是因为我日常只能够观察到管理者、研讨会参与者、同事、客户或朋友的行为方式，进而由此来确定这种动机状况。

你在前文中已经了解了一部分动机理论。你可以自己决定哪一个对你来说最有意义，或是可以帮助你最大限度地反思自身的动机。只是，我们的目标应该是更有意识地去思考、认知和接受人们在不同的内心需求下所衍生出的动机。

价值观 VS 动机

在我的研讨会和辅导课上，经常被问道：“需求是否等同于价值观？”事实上，许多专家都喜欢谈论与需求相关的价值观。从我的想法来讲，我认为两者存在着明显的差异。价值观给予的更多的是个性上的支持和定位，它影响着我们的行为方式，决定着我们看待某件事是好还是坏，又或者我们接受还是会拒绝某件事情，而对此我们并不一定是在有意

4. 西格蒙德·弗洛伊德，奥地利心理学家、哲学家，精神分析学的创始人。著有《梦的解析》《精神分析引论》《自我与本我》等。——译者注
5. 威廉·麦独孤，美国心理学家，社会心理学先驱、策动心理学创建人，著有《心理学大纲》《社会心理学导论》等。——译者注

识的情况下做的决定。在我们成长过程的早期教育中，价值观的建立往往受到文化教育的影响，在生活中经历某些事件之后，其也是可以被改变的。而这与我们内在的冲动，也就是所谓的“生命动机”恰恰是相反的。第一次的“价值观取向”通常发生在青春期。我们开始对部分由文化决定的价值观产生怀疑，将其从自身剥离出来，同时会注意到其他不同的人或文化的价值观部分，并将其加以消化，结合到自身中来。因此，价值观是可以被感知的，但并不能将其称呼为动机。

因此，诚实、忠诚、正义感或占有欲等价值观可能部分源于我们生命动机的表达，并且我们的个人观点也会随之被加强或削弱。我们如何看待这个世界，也就会有着相应的行为方式。例如，具有明显“储存/收集”动机的人总是以节约资源的方式来看待这个世界，并且在他的行为中会表现得相当节省，对他而言，“节俭”的价值观非常重要。

希望通过这个小小的题外话，可以激起你对“需求”和“价值观”这两个不同概念的敏锐度，并对其进行思考。

如何理解和呈现需求

不同的需求表达

你可以将前面所述的理论看作是一个粗略的概述，我则从中得出了自己的实践精髓：所有人都被自己的基本需求支配着，如睡眠、饮食、呼吸、繁衍等。但同时，譬如被认可、独立、社交等强烈的个人需求也在影响着我们的行为。对于不同需求的表达将我们区分开来。有的人需要更多的睡眠；

有的人非常需要安全感；有的人在社交场合感到不自在，而有的人却在庞大的关系网中如鱼得水。

在我看来，史蒂文·赖斯教授对于动机的个体表达这一观点阐述得特别明确。目前为止，我还找不出任何其他的判断工具，可以如史蒂文·赖斯所提出的那样详细和易于理解。

如前所述，由于在 20 世纪 90 年代中期曾罹患肾功能衰竭，赖斯在重症监护室里住了很长一段时间。在住院的这段时间里，他想知道，那些与他素不相识的工作人员是如何忘我地照顾他的。是什么驱使这些人这样做？他研究了激励理论的科学知识，回顾了弗洛伊德、马斯洛等人的观点，却发现并没有人真正研究过人类的内在动力。这也就成为他在康复后进行各种研究的基础。我们在研究史蒂文·赖斯的理论时就会发现，他这种对于个人关系分析的深刻程度，不仅满足科学上合理的需要，同时对探究人类动机的帮助也是显而易见的。一直以来，这都给我留下了深刻的印象。通过赖斯档案®，他成功地将人格的核心和人类的需求展现在我们面前。

赖斯档案®

在图 5 中，我想大概描述一下如何使用赖斯档案®分析和呈现这些动机。个人的动机表达将通过条形图来表示。

这个结果是基于在互联网发布的动机调查问卷来确定的，其中有 128 个描述，测试对象按照 -3 到 +3 的等级进行评定。被评估的描述内容类似于：

- “如果有人拒绝我，我会觉得很为难。”
- “我喜欢作为领导者。”
- “我必须避免痛苦。”

低欲望
平均
高欲望
权力
1
权力
独立
独立
好奇心
-0.5
好奇心
认可
1
认可
有序
-0.5
有序
储存 / 收集
储存 / 收集
荣誉
荣誉
理想主义
0.6
理想主义
社交
1.4
社交
家庭
-0.4
家庭
现状
0.6
现状
报复 / 攻击
1.2
报复 / 攻击
性与美
0.4
性与美
食物
0.5
食物
身体活力
1.1
身体活力
安宁
安宁

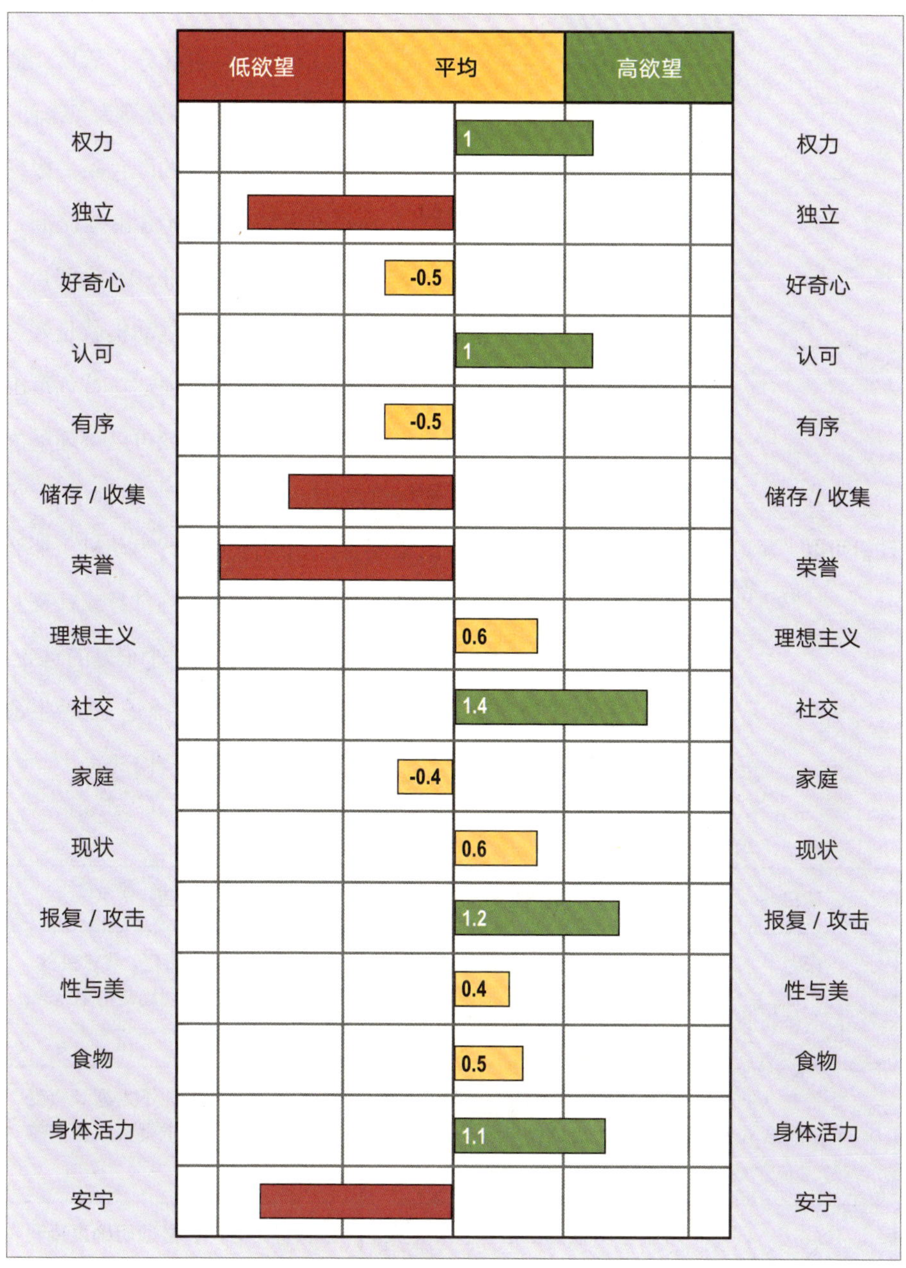

图 5 范例图表

创建赖斯档案®

每种生命动机都将通过八个描述来提问，由此来最终确定这 16 种生命动机中那些不太清晰明确的部分。随后，通过专用电脑软件评估答案，并在此基础上将其转换为条形图。在图中，每种生命动机表示为 -2 和 +2 之间的颜色条。根据动机的数值显示，条形图分别呈现为绿色（在 +0.8 和 +2 之间）、黄色（在 -0.8 和 +0.8 之间）或红色（在 -2 和 -0.8 之间）。

这并不意味着绿色动机就是不好或者红色动机就是好之类的可能性。颜色仅仅是某一数值高或低的表达，黄色范围内代表社会典型性的平均标准，因此这个区域可以被理解为依赖于环境而产生的平均值。

动机可以“预测”行为

我们如果能够找出驱使自己和周围人的行为动机，那么就可以影响它们，进而满足它们，从而在了解自身或社交互动方面取得更好的成果。在我看来，这应该是一个很好的机会。

在以下描述中，通过列表中的关键字来描述 16 种生命动机。你可以使用这些描述来评估你的动机结构。

动机	低欲望	高欲望
权力	回避管理责任，低调做事，在指导下工作，以服务为导向	寻求控制和承担责任，寻求挑战，发挥影响力，表现出雄心壮志和执行意愿
独立	有自信心，以共识为导向，团队意识，热衷团队合作，并愿意与他人分享个人经历	追求自由与自控，不太喜欢接受礼物或者帮助，觉得会成为情感负担
好奇心	对学习有很强的渴望，不太关注利益，好奇，喜欢寻求真相	以实际为导向，必须明确直接利益才能引起兴趣，“少说多做”

动机	低欲望	高欲望
认可	自信，知错就改，擅长化解批评，挫折很快被克服，敢于面对“可能错误”的风险	缺乏自信，在意他人看法，接受个人批评，完美主义者
有序	富有灵活性、自发性，不喜欢固定模式，偏爱即兴创作，随机应变，不在意细节	标准化模式，良好的组织工作，制订计划，注重细节，保证日常流程的运行
储存 / 收集	大方，对事物三分钟热度，支出大手大脚，容易浪费，喜新厌旧	节俭和收集是一种目的，避免不必要开支，持之以恒，不喜欢丢弃旧的事物
荣誉	目标为导向，个人利益优先，对标准、规则、协议刨根问底，探究小道消息	忠诚，讲道德，守原则，真诚，诚实，以高度自律来履行职责，重视规则
理想主义	世俗，现实，务实，认为社会本就不公，较少关注社会发展，“世事如此”	认为社会需要公正和公平，热衷于社会福利和公益组织，无私，富有同情心
社交	内向的孤独者，独处时才能放松下来，对应酬或与陌生人交谈有抵触	热衷与他人联络、会面、亲近，有较高的社交能力
家庭	类似伙伴关系，保持距离，认为亲近应该适度，有“丁克”倾向	关心伴侣和孩子，希望有孩子，关心家庭，在意被需要的感觉
现状	谦虚，认为头衔和身份象征并不重要，对摆排场感到厌恶，因为并不在意外表和举止，所以往往不引人注目	渴望在社会上享有声望，希望比别人拥有更多，对技能、头衔或职位感到自豪，喜好名牌

动机	低欲望	高欲望
报复 / 攻击	追求和谐，避免冲突和争吵，寻求妥协，做出让步，能迅速原谅他人	争强好胜，具有戒备心和进攻性，竞争可以对效率产生刺激
性与美	性是相当不重要的，禁欲的生活方式，产品设计或艺术不那么重要	追求性爱、欲望、美学，寻求感官体验，有激烈的性幻想
食物	吃是次要的事情，吃本身不是目的，吃饭是浪费时间，不挑剔，认为饥饿感让人分心	认为吃具有精神意义，是享受，日常生活离不开吃，认为高品质是首选，喜欢尝试新味道
身体活力	无运动，偶尔“懒惰”地生活，认为舒适感、忍耐和坚持都不那么重要	积极的生活方式，进行大量和有规律的体育活动，认为强壮且充满活力的身体状况很重要
安宁	高压力，是探险者、冒险家，乐于寻找惊险刺激，勇敢，稳健，勇于冒险，极少恐慌害怕	避免压力情况，富有前瞻性，谨慎，回避未知的事情，容易焦虑，担心健康

需求对我们的观点有哪些影响

重点：理解动机

通过史蒂文·赖斯的研究结果，以及我作为培训师和教练的经历，特别是多年来对不同人群多样性的密集分析，进而得出结论：我们必须首先探索一个人的需求，以了解他的观点和行动方式。如果我们能够理解行为背后的真实动机，也就能更好地回应并接受身边其他人的动机。这并不意味着我们同意与之相关的观点，也并不是某种评估或者肯定，而是首先去理解和接受差异化。

事实上，动机表现模式对我们的观点有着很大的影响。

例如：有些人害怕那些他们无法通过认知进行评估的情况。他们对“安宁动机”的需求可能特别明显，如可预测性、风险最小化、避免身体疼痛和太多变化，这种动机最终会影响观点。对于这些人来说，杜宾犬是一种危险的动物，具有较强和无法控制的潜在危险。如果他们之前与狗有过不愉快的经历，甚至可能被咬过，那么他们甚至会对自己的观点做出下意识确认。

这种对压力敏感的人需要花费大量精力和特别的方法来改变他们的观察和行动方式，并意识到这类偏见可能带来的风险。他们可能会采取对自己产生最小阻力的方法，比如跑到街对面去，以避免所谓的“杜宾犬威胁”，但这样的结果是最好的吗？

转变观念需要强烈的自我反思

主动改变观念和行动方式，以便在将来处理这种压力状况时可以更从容一些，是不是显得更有意义呢？作为旁观者，我们势必会点头表示同意。但我们能够切实做到从经验中吸取教训吗？如何通过转念来实现更好的结果呢？诚然，这里面没有什么捷径或者秘籍。无论有意识的还是在潜意识中，脑中刻板的固有观念都不可能简单地在一夜之间就改变。我们需要一种强烈的自我反思意识以及相应的努力，以不同的方式去重新看待世界。

治疗对狗的恐惧，要尝试有针对性地与狗接触来建立新的信心。这种方法当然不应该独自完成，而是要通过朋友、亲人以及专家的帮助。许多人成功地克服了恐惧心理，例如，有些人克服了对飞行的恐惧，因为他们需要通过飞行来领略更美好的生活。或者，有的人认识到了狗的可爱，和它们成为好朋友。又或者，如果你想要在一个充满异国情调的地方度假，可能就必须克服自己对昆虫的恐惧和厌恶。

例如：我曾经在澳大利亚待了六个月，当时我和朋友没有太多积蓄，只能去找最便宜的地方住宿。于是我俩搬到了一个相当简陋的汽车旅馆。房间又旧又脏，简直就是虫子们的天堂。当我早上打开抽屉时，第一眼看到的就是六只肥硕的红褐色蟑螂在我的衣服上面爬着。凄厉的尖叫之后，我鼓起勇气，用颤抖的手指拿起衣服拼命甩着，一只只蟑螂掉在地上，迅速躲到了衣柜下面的黑暗之中。

这天晚上，我独自坐在床上，将身体蜷缩起来，然后失声痛哭，直到我的朋友下班回来我才逐渐平静下来。我确信自己无法忍受这一点。我从童年时代开始就有昆虫恐惧症，这可能是因为我的母亲导致的，每当她看到各种昆虫总能发出“美妙”的尖叫声，于是我的父亲就要在第一时间赶过来“拯救”她于危难之中。

努力是值得的

我不想要依赖别人，我想要独立，能够独自面对，哪怕需要我付出很多努力。这种对独立的渴望是如此强烈，以至于我开始尝试克服自己的弱点，逐渐学会了在昆虫面前“拯救”自己。尽管这花费了一段时间，但我做到了。

当然，还有很多严重的、根深蒂固的甚至会引起身体痛苦的恐惧症。但我相信，如果有一个五星级的结果在向你招手，同时又可以得到专业的帮助和支持，那么几乎所有的恐惧和困难都可以克服。这总值得尝试一下。

这里有一个**例子**，说明需求如何影响我们的观点：一个

当不同的动机和观点发生冲突

有着明显“荣誉动机”的人要求一位司机将车子从停车场里唯一的残疾人停车位中开走，尽管他显然无权这样做。在这里，不仅仅是有着荣誉动机的存在，从另一个角度来看，还存在着明确的目标 / 目的，而且这两个从根本上完全不同的观点是同时存在的。就好像“无动于衷”与“无所不用其极”同时存在一样。

根据“报复 / 攻击动机”的表现形式，这可能会导致冲突，甚至可能会造成“鼻青脸肿”。即使事件的参与者都非常确信自己的观点，但结果却不见得能令双方都满意——除非这是个有五星级质量的结果。毕竟，没有人愿意只是为了澄清自己的观点，就“被迫”和陌生人发生一场争吵。

尽量减少不良情绪

但是，如果双方站在对方的观点上会发生什么呢？他们可以更加了解对方对于目标 / 目的或者荣誉的需求，可以用更具反思性的方式看待对方的观点并进一步看到对方由此产生的行为，甚至最终可以理解它。首先要解决的并不是辨别对方的行为是否出于善意。无论如何，两个人都应该先意识到对方并没有想要激怒自己——这可以在一定程度上减少不良情绪。

关系中的动机冲突

接下来让我们走进家庭生活，并考虑下“有序动机”的不同表现形式：低欲望和高欲望形式。即使动机特征不是由于人的性别造成的，也总会有相同的情况出现在我的私人圈子中。我收集的一个**案例**：

他有着一个低欲望的有序动机，而她却表现为高欲望状态。那么他们两人的观点会是怎样的？相似吗？完全不可能——这点我可以保证。她乐意组织活动，制订计划，安排事情，希望一切都井井有条。而他则避免太多的计划性、结构性、固有惯例和秩序，追求生活中的灵活性和自主性。这当中有着很多的潜在冲突。首先，我们必须要清楚，没有人能从自己的角度去说服对方，更别说让对方“放弃”适用于他自己的需求了。但有效的方法是感受对方的观点，感知、接受并学会处理对方的需求、行为和观点。

当你不得不对他人妥协的时候，你可能会问：这时候我该怎样表达自己的需求？也许你可以换一种表达方式。那么，又应该如何在维护与他人关系的同时保持自己的个性呢？这时请你注意，不要期望去改变他人，这纯粹是浪费时间。了解自己的最低期望，分配好眼下的任务和计划，以便使每个人都能够经常从内心的冲动中获得满足。请记住：动机很少是单独产生效果的，它们之间相互影响，就像胶水或炸药。

“胶水”类型

以下是“胶水”特性的一个**例子**：强烈的“报复/攻击动机”和显著的“身体活力”可以成为最好的朋友。任何体育竞技活动都能够满足内心的冲动。以下的动机特性表现得有相似的地方：权力、现状和报复/攻击动机都可以激发人们对职业前景的企图心。所有公司都需要那些愿意承担责任，能够行使控制权，并且可以指导他人的员工（典型的强烈权力动机）。

如果有人在职级上努力争取，那也就是说，他关注的价值在于那些有形和无形的威望上。他的层级越高，公司配的车和办公室就会越高级，名片上的头衔也就越多。如果在这个时候引入报复/攻击动机，那么这名员工也将会更希望面对竞争——无论是在公司内部还是在商业中。

那么，这是否意味着，如果没有这三个强烈的动机就无法在事业上有所建树，或者无法成为一个好的领导者？不，完全不是这样。

这意味着在需要譬如权力、现状和报复 / 攻击这些动机的情况下，更多地激发能量。

“炸药”类型

接下来是“炸药”特性的一个**例子**：你有一个明显的“认可动机”，你希望别人喜欢你并给出积极的反馈。与此同时，你的报复 / 攻击动机处在一个高欲望状态。你喜欢衡量自己，不会向“对手”展露任何东西，总是想要先人一步。当我说在竞争激烈的情况下人们很少互相尊敬时，相信你会同意我的看法。或者，你是否听说过拳击手在比赛间隙对他的对手说：“伙计，你的右摆拳真是太有力了，我就从来都做不到，向你表示敬佩！”这样的动机组合不仅在专业运动中会使人疲惫不堪，而且在面对朋友和同事的时候也会如此。

总有些情况会使某一个动机无法满足——甚至说你的报复 / 攻击动机会像强有力的“右摆拳”那样将你的认可动机一击出局。不要再只是计算衡量自己，而是尽可能去想办法改变自己的视角，将自己置于对方的位置，寻找“第三种选择”并改善自己的结果。

“制造冲突”的公司

我们再来看下商业环境，因为这里也是由不同动机结构和观点引起冲突的沃土。一位在很短的时间内就坐上“一把手”交椅的老板：他拥有着明显的权力、现状和报复 / 攻击动机。他目前未婚，没有约束，没有孩子。由此形成的观点：家庭和社交对晋升是无用的。这位老板最近遇到一位非常勤奋、可靠的员工，但他不重视职位，而是更加关注家庭生活。

这位员工的观点是：工作很重要，家庭更重要。

对于雄心勃勃的老板来说，这种观点是不可理解的，甚至可能被认为是懒惰的表现。也许员工的这种观点最终会导致老板解雇他。但如果这位老板认识到了员工的需求呢？如果他能够给予员工对于家庭必要的自由空间，批准其在家办公，并且特意为他避开在周五可能会造成加班的工作安排，会发生什么？员工的需求得到满足，他将更有工作动力，更有效率。这才是能被称为拥有五星级结果的动机导向型领导。

认可动机的例子

接下来，让我们从专业的角度来认识一位拥有明确的高认可动机的人。他力求完美和被社会接受，对鼓励、赞美和欣赏等充满了渴望。任何形式的认可都可以给这个人带来心花怒放的幸福感，在感受到积极的鼓励时，他的工作热情就会大涨。这位先生在工作上有一位主管，而这位主管的认可动机则保持在低欲望状态，而且他更乐意于直接说出自己的想法。这位主管认为批评也是一种激励。当这两人沟通时会是什么样子呢？每当有着高认可动机的员工很好地完成了任务，甚至比预期的更好时，他所期望的认可动机就可以被满足。而如果没有达到这样的结果时，主观意愿上就会开始失去能动性。

现在假设这名员工当下的任务彻底失败了，这完全违背了他的完美主义。员工在潜意识中就会受到鞭挞般的自我惩罚，感到受挫。如果主管在这时又直言不讳地表达对他工作失败的批评和失望，员工的心情可想而知。这种情况发生的频率越高，员工就越会失去工作动力。

自我反省：你的个人需求是什么

是什么在激励着你？是什么在驱使着你？哪些动机会相互“火并”夺走你的精力？接下来的自我评估（见图6）应该可以帮助你专门思考你的需求。在以下这些动机中，在你认为符合你动机表达的地方做一个小标记。赖斯档案®条形图中列出的16种生命动机中的每一种都具有高表达和低表达的特征。按照列表一条条地估算你的动机状态并标明记号。根据直觉迅速回答，不要过多考虑评估的结果。

直观而快速地回答

你是否觉得每条生命动机中关于高欲望状态的描述都有一些直接与你相对应？那么也许这条生命动机对你来说表现得更为明显，你可以在图形中的右侧做一个标记。如果情况相反，就请你在图形左侧做一个标记，来表示你在这一条生命动机中处于低欲望状态。而如果你发现自己的状态处于左右两极之间，那么你的这条生命动机可能就处于中间的平衡范围内，你可以在图形中略微偏左或略偏右的位置标明。

自我评估之后，现在需要仔细研究你的个人需求：

- 在日常生活中有哪些生命动机往往是比较引人注目的？
- 哪些又是常常被忽视的？

成功自我管理的核心，是以测试得出的图形结构制定相应的生活方式为基础，为你的所有需求提供合适的舞台。

将自我评估作为第一阶段

当然，这种自我评估只会向你展示第一种倾向，即哪些动机尤其会影响你的日常生活。很明显，它无法与赖斯档案®

对 16 种生命动机的自我评估

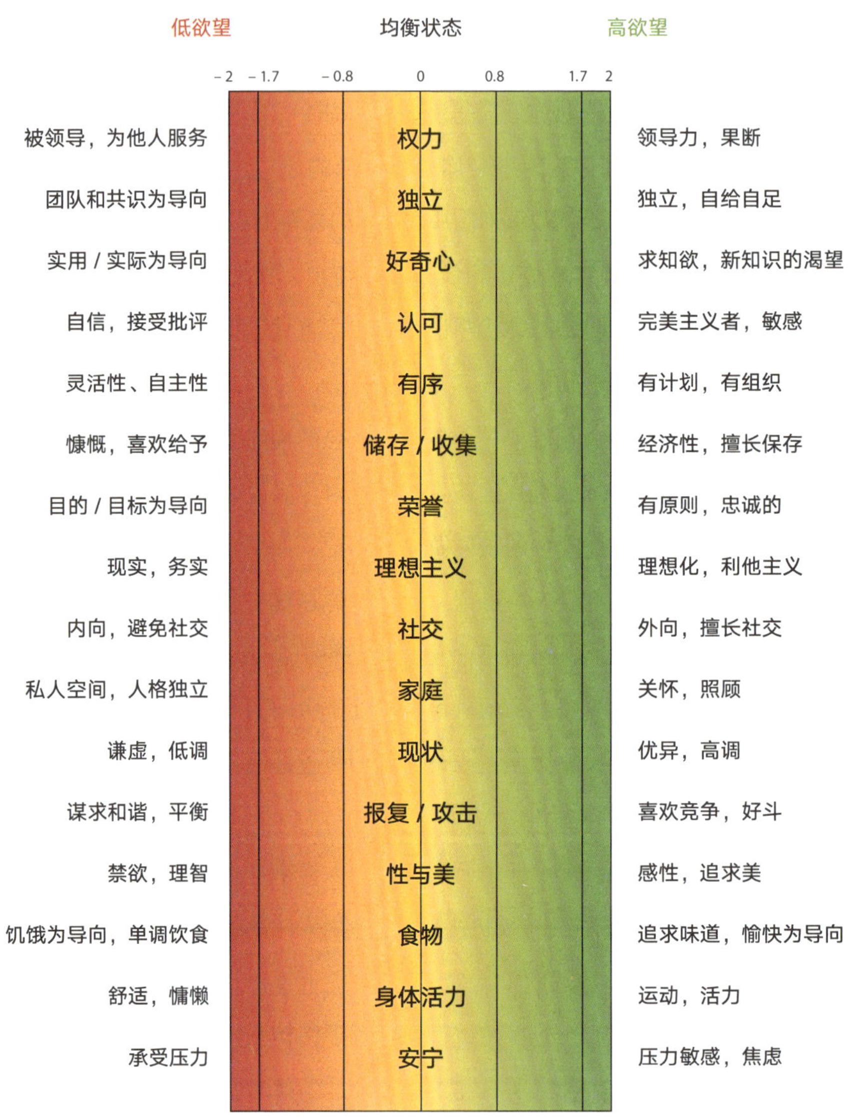

图 6 “生命动机”的自我评估

中科学得出的合理分析方法，或者和那些受过培训、精通使用赖斯档案®的专业培训师们所采取的具有针对性的措施相比较。有效、可靠和客观的价值观只能通过赖斯档案®这个系统来挖掘，也只有那些经过认证的专业培训师才能在更深层的沟通中解释各个主题的重要性，以及个人动机状况对其职业和私人生活的影响。

除了赖斯档案®，还有其他人格分析可以提供类似的工具。在工作中，我决定使用赖斯档案®，因为在我看来，这是一种非常易于理解的工具，它不会去试图描绘更多的人性层面，将问题复杂化。

实用技巧：如何满足你的需求

赖斯档案®诊断法为你提供个人生活动机分析。无论你是否相信，它都可以将相关的发现整合到生活方式中。生活中那些美妙的事或者偶尔发生的糟糕的事，都是你开始感觉到某些动机被满足或者没被满足而造成的。

在这一点上，让我用自己举个**例子：**我是一个拥有高欲望“有序动机”的人，并努力寻求情绪上的安宁。

我喜欢将身边一切事物都进行精心的策划和组织，使自己总是处于蓄势待发的状态。我喜欢程序化的任务，喜欢可预测性。另一方面，那些经常发生的变化，可能会承担的风险或者不断分泌的肾上腺素会给我带来负担。可是，我的工作需要大量的旅行，我的合作伙伴和客户往往期望我有较高的自主性和灵活性。有时，我早上醒来，都需要想一下我现在身在何处，在哪个城市，哪个酒店。作为一个具有明显有序动机以及追求情绪安宁的人，我更喜欢待在家里——一个熟悉、有序、有条理的环境中。作为子女，我为了满足父母的期盼，带着他们在陌生的地方度假两周，然后才能回到自己家，这真的令我很烦躁。

寻求未被满足的需求间的平衡

为了满足自己的需求，我也许可以去寻找一份能够为我提供程序化和可预测的工作——但我热爱我的工作，这一点世界上没有任何一个人能改变它。那我该怎么办？去寻找平衡！首先，我尽可能多地创造我可以掌控的情境，在其中尽可能建立稳定性、秩序和例行流程。其次，只要有可能，我都会在“圣洁”的星期天休息，以照顾我那寻求安宁的情绪。

如果在某一周我要举办研讨会并在其间与很多人交流，那么明确的“社交动机”会使我感到舒服，在交流中彼此吸取能量，才可以满足交际、讨论和合作的需求。研讨会之后，回到我那位于科隆的培训教育学院，我会先进行一次巡视，然后将这次的内容加以总结，再将活动用过的物品归为原位，再去把那些不能正确对待我的秩序观念的员工批评一番。简而言之：我喜欢充分发挥我的有序动机，因为我知道我不喜欢除此以外的样子。

由于我们团队中所有人都了解彼此的动机结构并努力将其考虑在内，所以他们不再对我的有序动机有任何争论，而是所有人都努力去理解由此可以产生的优势。另一方面，我也不再去过高期待我的合作伙伴和员工可以提高我的秩序标准。

工作与私人生活中的应用

在许多情况下，了解你的动机结构将使你在未来更加轻松，这一点是毋庸置疑的。如果你能够评估他人的动机结构，那么你就可以摘下有色眼镜，从另一个角度了解到，其实你可以用这些新的观点更加合理地看待人或事物。有句话讲：我见即为你见。你会更公开地谈论期望，同时还可以在考虑到强烈的动机下，就如何互相帮助达成明确的协议。这适用于私人生活，也同样适用于商业活动，如接下来的**例子：**

去年，作为团队发展的一部分，我有幸与一家食品公司的十四位欧洲采购团队成员合作。所有参与者都已经了解了他们自己的赖斯档案®，在为期两天的研讨会中，他们应该已经学会了更好地理解和运用这些动机，特别是在他们的团队合作中。在查看团队汇总表格时，有一个明显的事实是，除了团队负责人，几乎每个成员都有着非常明显的“家庭动机”（见图 7）。

当然，可以说这其实是一个比较私人化的动机，但我看到了其中的不同。当人们对照顾家人感到满足时，这个动机也会对他们的工作动力和生产力产生积极影响。

在研讨会临近结束之时，这次对家庭动机的分析直接促成了一项重要决定。

姓名 动机	团队1	团队2	团队3	团队4	团队5	团队6	团队7	团队8	团队9	团队10	团队11	团队12	团队13	团队14
权力														
独立														
好奇心														
认可														
有序														
储存 / 收集														
荣誉														
理想主义														
社交														
家庭														
现状														
报复 / 攻击														
安宁														

图 7 赖斯档案® 团队汇总表格范例

除特殊事项外，尽可能不在周五下午三点之后组织必须到场的会议。因此，每个成员都可以准时回到家里和家人共度周末。

而十四位采购人员中有九位具有低欲望的储存/收集动机，也引起了人们的关注。

作为采购人员，花掉每一分钱都应该深思熟虑，尽可能为公司节省，达成最好的交易。然而，通过赖斯档案®团队概述显示，这些采购人员更偏向于积极慷慨地使用公司的资源。通过这次活动，切实提高了采购人员的意识，使他们的行为产生了改变，虽然他们还没能做到“锱铢必较”，但在每次购买和谈判的时候，他们都会更有意识地权衡自己的决定。此外，他们还制定了规则，使得团队内所有人不会再那样大手大脚。

在这个例子中，除了展示对不同动机特征的认知之外，还表达了如何以不同的方式看待这个世界：改变观念，可以使团队在所有事务中达成更好的结果。事实证明这个目标是可以实现的。你能想象出通过团队可以激发出多少动力吗？享受这个过程，成为这个流程的一部分是一种奇妙的感觉。所以我说，我热爱我的工作。

接受你的动机特征

下面的**例子**显示了分析你自己的动机及其含义的重要性。我的一位女性友人，她的家庭动机处于低欲望的状态，这意味着她更多地把与女儿的关系视作伙伴关系，而不是照顾。她并不会事无巨细地照料女儿的生活，而是更愿意让女儿自己从经历中获得经验。在女儿六岁的时候，就已经拥有了属于她自己的家门钥匙，她还学会了做面包，并且在需要建议或帮助时知道第一时间打电话给母亲。也许你会说，这成功培养了孩子的独立性。没错，确实是这样，但这种教育方式的原因，归根结底在于这位母亲的动机结构。

当我带她去进行赖斯档案®测试时，在测试结果图表中她看到了自己的家庭动机偏低，呈现着“醒目的红色”，这让她感到震惊。“我爱我的女儿胜于一切，我可以为她做任何事。我是个坏母亲吗？”

她花了三周时间才做好心理准备，去审视她的家庭生活，不是从家庭文化上，而是基于需求的层面。当然，家庭动机偏低的人其实和那些家庭动机较强的人一样，都是爱他们的孩子和伴侣的，只是他们的生活方式不同。哪怕一段时间之内孩子和伴侣不在身边，他们仍旧可以过得很好，保持快乐和满足。

只有你能为自己提供更多的满足感

请注意：唯一能帮助你过上幸福生活的人就是你自己！因此，请不要认为你身边的人因为知道你的自我评估结果，就可以正确对待你的动机结构。这是一种非常棒的理想状况，但并不现实。由此得出：你首先需要确保知道自己的动机结构，进而在日常生活中有意识地对它进行分析思考。我承认，这并不容易，不可能在一夜之间就发生改变。它需要不断地重复，持续而有意地努力。习惯的改变在实现五星级结果方面发挥着巨大的作用。但首先，你必须了解你的动机、行为和观点以及你身边的人。

在本章中，你已经了解了如何整理你的动机，以及有哪些线索可以识别其他人的动机。接下来，我们将会仔细研究下观点、行为以及大脑之间的关系——这三个因素可以迅速地“破坏”我们的五星级结果。

第二颗星

我们的观点

观点是什么以及是如何产生的

观点比需求更复杂

观点比需求复杂得多。它不能通过某些测试流程来记录，更不用说呈现出来。在过去的二十年里，史蒂芬·柯维对我产生了很大的影响。在我看来，他以前所未有的方式处理了范式[6]或观点的理论和意义。在他的畅销书《高效能人士的七个习惯》中，他向我们阐述了范式的力量，并呼吁进行范式转换。

观点是非常复杂的，它们由不同的部分组合而成，我们姑且将其简单地称作组合。就个人而言，我喜欢将观点与我们日常所使用的眼镜进行比较。

鼻子上架错了眼镜

戴上眼镜之后，你是不是看得更清楚了？哈，还不够清楚吗？为什么呢？这是一款非常优秀、高品质的眼镜。只要你自己多付出一点努力，它就可以成功……你还是无法看得更清楚吗？你真的付出了努力吗？接下来，我尝试着增加一些刺激性的内容：戴上这副眼镜，将来你的收入将会翻倍，而且工作量只有现在的一半。

那么现在你觉得看得够清楚了吗？

6. 范式，由美国著名科学哲学家托马斯·库恩提出并在《科学革命的结构》中系统阐述，现在经常用于描述在科学上或者认识论中的思维方式。——译者注

图 8　鼻子上架错了眼镜
（作者：提莫·威尔茨）

哈哈，我几乎可以听到你在说：“我确信我会习惯这副眼镜，哪怕在一开始会很别扭。”如果这些动机仍不够，那我也可以尝试创造你所需要的相关性和关注点：你戴的这副眼镜是你的父母为你定做的，包含了他们所有的爱、关怀和智慧。所以，请透过这副眼镜，去看待你的父母，你未来的生活。

“多么疯狂的举例”，你现在肯定是这么想的。这是当然，因为当下这副“眼镜”是为我量身定制的，你自然不可能透过它将事物看得像我一样清楚。

这里的眼镜只是一种象征，同样，我们也会以自己的需求和观点来贯穿生活，有时候我们会与别人的生活产生交集，并且希望他们能像我们一样看待世界，那些我们能看到，而他们看不到的……

史蒂芬·柯维总是喜欢将范式描述为心理地图。在一场关于“改变人生的七种习惯”的研讨会上，他讲述了一个故事：一名男子在他的地图上搜索位于旧金山的一条街道，即使地图上这个地区的名字也叫“旧金山”，但这却是一张洛杉矶的地图。仅仅是通过付出更多努力就能找到那条街道吗？显然不能。在错误的地图上当然不可能寻找到想要的东西。我们的观点也同样如此。如果出发点就不正确，自然也很难达到想要的五星级结果。

别人观点的受害者？

柯维的研讨会上曾经举过一个非常引人注目的例子，说明了不同的人是如何看待这个世界的。一名参与者突然站起来，开始积极地与她附近的人交谈。她看起来过于兴奋和健谈。当她意识到其他人转过身来盯着她看时，才突然认识到自己在做什么，尴尬地坐了下来。柯维几乎没有等到中场休息时间，就跑来了解她的情况，她几乎是脱口而出：“你无法想象在我身上发生了什么样的事情！我是一名护士，很不幸地嫁给了一个非常不知感恩的男人。对于他来讲没有什么是足够好的。他从不表现出任何认可或感谢，并且经常批评我。这个男人让我的生活变得非常难过。往往我只能向家人抱怨。与我共事的那些护士也都有同感。在休息的时候我们会谈论他，几乎所有人都希望我能从他身边离开。当你鼓足勇气站在那里说，没有什么能给我带来痛苦，没有我的同意谁也不能伤害我，是我自己选择这样悲惨的情感生活的时候，我是无法接受的。但我也一直在考虑。我深深地注视着自己的内心，并问自己：我有权选择吗？当我终于意识到是我自己选择吞下苦果、得到这样的不开心时，我明白了，其实我也可以选择不这样。就在这一刻，我几乎跳了起来。我觉得我要离开那个'监狱'了。我想向全世界大喊：我自由了！我摆脱那个'监狱'了！从此以后，我将不再允许自己被'别人如何对待我'这样的疑惑控制。"

一个范式的转变，一个观点的改变完成了。确实，是由我们自己来决定自己的感受，以及是否要成为他人观点的受害者。

观点：形成因素

如果我们不必先解释我们对某些事物的看法，与他人互动会变得容易吗？讨论、争吵和冲突必然会减少，但生活往往更加复杂。所以，我想尽可能简单地描述一下。个人观点受到各种影响，一方面，我们有内在的冲动，我们的生命动机塑造了我们对事物的看法。另一方面，我们所受的教育、所处的文化和环境，都会对我们产生较大的影响。学校、朋友、亲戚、生活伴侣及个人经历都会在我们的"眼镜"上留下痕迹。譬如我们前面提到的杜宾犬的例子。你有没有被狗咬过，或者有人被狗咬的时候你刚好在场的经历？这些经历都会影响你对狗的看法，以及将来你在面对狗的时候的行为。

这里有一个可能更吸引人的例子，几个世纪以来，女性坐在座位上的时候，双腿往往并拢或者交叉。她们这样做是因为解剖学上人体结构决定的，还是因为某个社会习俗规定了这种坐姿？显然是后者。因为从生理角度而言，将腿稍微分开坐着更有益于女性健康。

“社会镜子”的影响

柯维将社会对观点和行为的影响描述为“社会镜子”。这个问题应该尽早被重视起来——这样我们才能知道如何看待世界，应该如何做，应该做什么。

再来举一个例子。想象一下，你家三岁的孩子来到幼儿园，幼儿园老师问孩子们：“你们谁画画画得好呀？”结果可想而知，所有的孩子都会高举手臂喊道：“我！我！”但当孩子将画带回家里时，呈现在你眼前的是什么？可能只是龙飞凤舞的笔画和飞溅的大团颜色。你感兴趣地问：“这是什么？这个是谁？”但无论你多么努力，也很难分辨出任何东西，那只是些笔画和形状，算不上一幅画。即使这样，你仍旧会为自己的孩子感到自豪，并向那些没有兴趣观赏的人展示：“看，这是我的孩子画的，他现在已经会画画了……”或者是音乐。问问三岁的孩子，他们唱得有多好，他们会无比积极热情地来展示，相信你所感受的往往比耳朵听到的更加愉悦。无论事实怎样，你都会赞美孩子，告诉他们唱得很好。

经验和反馈改变观点

也许你还记得孩童时期画画和唱歌的能力。如果今天我在一场比赛当中提问“谁觉得自己唱歌、画画、体操或者是写字很好”，你还会充满信心地大喊“我！我”吗？可能不会，除非你是歌手、画家、运动员或者书法家等专业人士。在成长的过程中，通过许多经验和反馈，你对自己的能力有了新看法。你被告知、演示和通过实例来证明，什么才是好的绘画作品和歌声。在你的人生经历中，你意识到自己无法达到社会标准中“优秀”的要求。因此，你不再相信自己能唱得很好。“社会镜子”在你的“眼镜”上留下了印记。这点也同样反映在其他主题上：美丑、归属、地位、天赋、才干，等等。最终，社会镜子决定什么是好的，什么是坏的，什么是对的，什么是错的。

我还清楚地记得，在我上二三年级的时候，遇到了算术问题。然而，我的聪明才智帮助了我：当遇到加法或者减法时，我就会用手指为心算过程建立一个“备忘录”，而且总是偷偷进行，尽量不引起注意。但是，当我偷偷地用手指在桌子下面计算时，我的父亲就总是取笑我。至今我仿佛仍可以听到他说：“孩子，这方面你真的不行。”我坚定地相信我真的不会计算。一次又一次，足够的证据证明我没有数学天赋。

自我实现的暗示

当我 35 岁最终成为酒店经理时，我面临着每年 11 月必须向总部提交酒店销售和成本预测的任务。通常，财务人员会帮助我完成这项艰巨的任务，但是当他刚好在这个阶段生病并且几周之内都无法康复时，我不得不单独完成这件事。我坐在无数的 Excel 电子表格面前，每一个背后都隐藏着一些不可思议的公式，改变某一个数字就会对无数的后续数据产生直接影响。我瘫坐在那里，完全不知道如何处理这些数字和表格，可我又必须完成这项工作。

我打电话给另一位作为经理的同事，请他把他的财务人员借我几天。我想学习如何处理这些表格。在此过程中，我产生了无限的雄心壮志，并逐渐理解了电子表格背后的逻辑。这种便捷性给我留下了深刻的印象，并且我学会了处理 Excel 和公司事务所需的一切。18 年后的今天，我仍然是 Excel 的粉丝，只需按一下鼠标就可以了解销售情况如何。现在的我甚至可以处理更多的数字问题。从小就对我产生强烈影响的“自我实现的暗示”现在得到了解决。

在 35 岁时，我改变了自己的观点。我可以改变，因为我想要改变。

改变观点的条件

这听起来很容易，但事实并非如此。因为，如果不是拥有机会和迫切改变观点的需要，那么它就不那么容易发生。当然，现在不能确保我们周围有足够的人需要改变观点。那么就需要一种促进机制，一种使我们能够采取新观点的理念。

让我们回到结果上来。如果我想要其他结果，就必须以不同的视角看待这个主题。然后我的大脑会自动确保我的行为发生改变，从而达成预期结果。如果我没有在失去财务人员帮助的情况下也要提交所需数据，那么我就不会试图解决我的“数字恐惧症”。你当然要有足够的想象力来想象结果会如何。

不能还是不想？

即使我父亲认为我不是数学天才，他仍然是相信我的。我依然记得他的一些哲言：“不要说你不能，要说你不想。”尽管我在 13 岁之前一直否认这一点，但现在我必须非常清楚地承认，父亲是对的，因为如果你真的想要什么，你就可以做到。

我想鼓励你通过“社会镜子”和“自我实现的暗示”来了解你对自己的影响。你是真的不可以吗？还是你从来不相信你可以？改变观点的决定取决于你自身，而不是其他人。

我不是说这很容易，自古以来，我们的观点都会受到文化和社会的影响。不幸的是，有一些行为往往比我们的观点更趋向于直觉。

由于我对内在冲动和观点的了解（对待事物尽力而为，着眼结果），我能够修改、重新排列或消除自己的一些无用的观点。我想掌控生活这辆巴士的方向盘，至少在我生命的大部分时间里都是这样。如果我能遇到可以信任的人，对方的友谊、爱心和关怀对我来说都很重要，那么我偶尔也会根据情况松开一直紧握的方向盘——因为我知道一切都在朝着正确的方向前进。

> 生活很精致，你必须有勇气过自己的生活。
>
> ——贾科莫·卡萨诺瓦[7]

不是每个人都有着相同的前进方向

但是，即使有了这些知识，我们还需要学会去接受另一些人拥有的不同观点。也许他们还没准备好改变，更不用说放弃自己的观点了。那些具有相同信念的，更强、更长、更集中的观点越是被“收缩”在一起，改变方向就越困难。一个观点越强烈，持续越长久，越根植于内心深处，也就越难以改变。

例如：我的母亲思想比较保守，当然，这与她的成长环境有关。我接触过外面的世界，见过各种各样的人。我清楚地记得一件事，我第一次带母亲去法兰克福旅游，在路上，

7. 贾科莫·卡萨诺瓦，意大利作家、外交官和冒险家。“婚姻是爱情的坟墓”这句话即出自他的笔下。——译者注

透过车窗，我们看到路过的三个女孩。她们的头发染得五颜六色，并且编了十几个辫子，戴着超大的亮闪闪的耳饰，穿着露脐装，宽松的破洞裤简直“摇摇欲坠”。

我的母亲摇摇头说：“女孩子这样穿太吓人了，她们最好不要出门。”我说这是她们的穿衣自由，年轻人都有自己的个性。显然这对我母亲来讲，并不具有说服力。这个话题后来又被提起，我想告诉母亲她的观点是不对的，说服她接受新事物、新潮流。但对于她并没有所谓的对错，她的观念在童年时期就形成了，并且几十年来未曾改变。我的母亲，一个思想保守的人，无法理解为什么女孩子要从头到脚如此夸张。但是谁来裁定是非对错？谁有权力根据自己的标准定义和评价他人？从我的角度来看，没有人可以。

不同使人害怕

不同的观念往往是一种威胁。换句话说，我们认为观点是否具有威胁性取决于我们的社会镜子。我不想刻意判断这是好是坏，是对是错。我只能自己评估它，决定它。

观念具有巨大的力量，铸成了许多罪恶：战争、人类命运、愤怒和眼泪。看看人类的历史，你会发现无数的例子。

我们大多数人都有意或无意地生活在这个社会当中，因此，我们着眼于希望，也会采纳观点。只要我们能够做到时常反思且保持足够的深度，就基本上不会有什么问题。但是，同样的，我们也必须接受人们因其自身对世界和生活的看法而拥有不同的信仰和行为。

我们不应互相评判，因为每一个人都是不同的。所以，只要没有使他人受到伤害，我们就有权捍卫自己的观点。

将不同观点融入自己的生活

我不是想改善这个世界，因为我还缺乏必要的利他主义思想。但我至少明白，容忍其他人的不同意味着什么。这只是一个良好的开端，但从长期来看是不够的。其目的应该是接受这种不同，欣赏它，并最终通过它来使自己进步。通过这种方法可以将不同的观点融入自己的生活中。每当讲到这点的时候，我总是想引用一个前同事的**例子**，在 20 世纪 90 年代，她经常和我一起参加领导力研讨会，讨论“改变人生的七种习惯”。

当谈到柯维的第六种习惯（“创造协同效应”）时，她讲述了一个给我留下深刻印象的例子，时至今日我仍然愿意将这个例子与参会者分享：当她刚刚从美国来到德国的时候，希望能够像她当初在美国一样，在周末去完成所有必要的事情，例如购买日常用品、把脏衣服送去洗衣店、洗车，等等。但她很快意识到，德国人很少会这么做。她发现，在这里星期六和星期日变得轻松很多。人们把时间用来享用丰盛的早餐，阅读报纸，谈论过去的一周，等等。起初她对此感到疑惑，但后来她明白过来：“不同的国家，不同的习俗。”很快，她也被人邀请去喝下午茶。在周末，人们总是和家人或者朋友聚在一起喝咖啡、聊天。我的这位同事很快接受了这件事，并开始欣赏它。因为她与未婚夫以及家人和朋友度过了很多高品质的时光，帮助她融入了这里的生活，使她感觉非常好。

现在，她已经结婚了，有了两个孩子，她已经将这种仪式变成了自己的一部分，以至于每当她回到美国的时候，她就会与家人朋友们共同庆祝“德国星期天”。

在这里，因果关系再次出现，而且是计划外的。因为她将更多的时间用来和家人在一起，观点和行为方式已经有了变化，结果就突然变得非常有价值，甚至会出现五星级的结果。虽然她花费了一些时间来接受另一种观点并去发掘它的优点，最终产生了持久的观念变化：从最初的包容到接受，从欣赏到将其融入自己的生活。

不同的行为，不同的结果

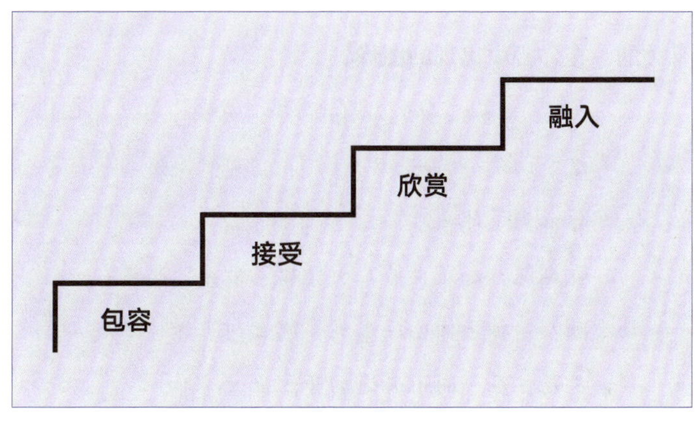

图 9 可持续的观念变化

结论：如果你遇到差异问题，无论在什么情况下，请检查你所处的阶段。然后尝试找到有助于你提升到下一个级别的理由。当然，如果那是为了你所期望的结果的话。

为什么我们会有不同的观点以及它们是如何在无意间引导我们的

观点往往具有潜在影响

一种观点（也称为范式或心理地图）就像是一种信念，在大多数情况下，如果有要求的话，也是可以被解释的。然而，我们并不总是能意识到我们的观点，它们通常隐藏在内心深处，有时它们就像是存在于想象中的图像。

让我们通过一个小**练习**来说明这一点。为此，我需要借助你的想象力。我会给你一个词，你只管大声说出与这个词有关的、在你心中出现的图像。

这个词是：**悉尼**。

你看到了什么？

歌剧院？悉尼大桥？大堡礁？袋鼠？阳光？一块大陆？精神上你已经来到了澳大利亚，对吧？

悉尼住在一间不普通的房子里。

你看到了什么？

一间房子？大还是小？富丽堂皇或是斯巴达风格的？

悉尼住在一座豪宅里。

你现在看到了什么？

也许是别墅，城堡？

悉尼的这间房子已经有300年的历史。

什么样的图像出现在了你的脑海里？

经过几代人精心护理的别墅？废墟？

悉尼的家庭从事农业工作。

你现在看到奶牛，农业机械，收割机，采棉机吗？

悉尼的皮肤是黑色的。

你看到了一个黑人或者一条狗，也许还是一条杜宾犬？

悉尼不会说话。

这个人有智力缺陷？不，这是一种动物，肯定是狗，黑色的狗。

悉尼已经六个月了。

哦，这是一条小狗……

不，悉尼是个名字，是一名六个月大的婴儿，生活在撒哈拉以南非洲的刚果。和豪宅、别墅毫不相关。

发生了什么？由于信息碎片化，你可能总是在脑海中看到别的东西，对吧！你们中的一些人可能已经无法想象出澳大利亚最大城市的样子，因为在“悉尼”这个词之后你所得到的任何信息都不符合你的第一印象，进而很难与新信息联系起来并理解它。大家最迟会被第三条信息阻止，然后心想：“让我们等到故事结束，然后再想象一下。”

即使是不完整的信息也会变成印象

在我的研讨会上，我一次又一次地使用这个例子，参与者们总是会经历一种“啊哈效应”——这无关于年龄和性别、教育或社会地位。我们的内心印象，我们的观点都是非常稳定的，一点也不会有适应性或者迅速发生变化。

如同这个关于“悉尼”的故事一样，我们每天获得的信息也很多。我们很少能得到所有的信息，以获得一个完整的印象。

你多久无法理解他人的决定了，特别是在你的日常工作中？

别人的决定

在我的酒店管理生涯中，作为酒店经理，我不得不接受并实施许多总部做出的决定。相信我，我发现这些决定当中有些是完全不恰当或者是无法增加酒店收入的。就像这个**例子**：我们酒店的标准是每个房间都要放一小瓶法奇根苏打矿泉水，再配上一个装着精美玻璃杯和开瓶器的小托盘。附在瓶子上的是一张小卡片，上面写明价格等有关信息。如果客人喝了，他会知道要花掉多少钱。

在我们集团最高负责人参观酒店期间，当我们经过一些房间时，他询问有多少瓶矿泉水会被出售。我终于忍不住对这个标准表示不满，几乎是爆发出来：“完全没有！我们的大多数客人都来自国外，往往是来到这个城市参加一些展览，洽谈业务或者出席会议，他们甚至都没听说过这款饮品。此外，它的味道就像洗脚水。”

我滔滔不绝，但还是要提出一个解决方案，我继续说：“与此同时，先生，不含碳酸的水更受欢迎，客人们总是询问有没有依云、伟图等品牌的水。”

当然，我知道酒店的成功也离不开集团的标准化管理，客人总是知道到我们酒店时会享受到什么。我在尽职尽责地执行标准和坚信这个饮料绝对无利可图之间，画了一条界线。

最高负责人认真地倾听了我的意见，当我说完后，他轻轻笑了笑，说：“弗劳克，你为什么不在法奇根旁边放一瓶不含碳酸的水呢？”我当场惊呆了。哇，我只需要再放上一瓶水，就能在满足客人的同时，仍然满足标准啊！这是我第一次有意识地改变视角。

自觉检查观点

当你有目的地思考答案时会想到有多少种情况？你是在什么时候改变视角并取得了成功？请不要误会我的意思，我并不是说我们所有的看法都是错误、不完整和不恰当的，只是我们必须反思它们。如果我们能看看结果，那便是最好。

显然，当时我想增加人均销售额。这是我明确的目标，特别是当我以酒店经理的成功程度来衡量时。同时，我还想提高客人的满意度，这也是成功的标准，在财政年度末也将会以货币的形式直观表现出来。通过我独特的报复 / 攻击动机，我尽最大可能地想成为最好的经理。

触发观点的改变

我一再地强调要改变视角，而它也确实完成了。当然，这次不是由我，而是由我的老板所触发的。但如果想改变，触发因素并不是决定性的，重要的是自身的变化，如果它能带来更好的结果的话。

例如：这本书的一部分是在我最喜欢的马略卡岛上完成的，每当我需要休息一下来理清我的思路时，就会在这个岛上走一走，欣赏它美丽的风光。岛上有许多小商店，有些看起来很俗气，而有些店里则摆满了各种精美的手工艺品和装饰品。

我和朋友走进其中一家风格优美的商店，当店家听到了我们所说的母语之后更是给予了非常热情的欢迎。温暖的光线充斥着整个房间，在这里，任何人都会忍不住想买些东西。而就在隔壁的商店里则摆放着各种形状的精美篮子，我们也必须去逛一下，至少看一看，摸一摸。然而，尽管价格诱人，我们还是没有停留太久。我俩站在两家商店的前面对比了一下，找到了不感兴趣的原因。销售篮子的这家商店的天花板上，呆板的霓虹灯毫无生气，价格牌也摆放得死板无趣，货架上的商品有些杂乱，取下一样商品时，旁边的东西可能就会掉下来。在我们看来，这家店缺乏对细节的关注。我的朋友非常不理解地问："为什么他们不能搞得更漂亮一些呢？那样的话也会有更多人愿意来消费啊。""你是对的。"我回答说，"但他们对这些事情的看法不同，他们有不同的角度。"

"眼镜"形成了这些

请你仔细考虑下，最近你在哪些情况下只是通过自己的"眼镜"去观察事物——如果你的角度有所改变，那么事件的发展程度又会有多大的不同呢？也许，你会对我在下一章描述的故事有所感受。

观点如何影响人际关系

我们有不同的观点，是因为我们在意识中留下了不同的经验、阴影、冲击和印记。但是，当人们在类似情况下拥有相同的经历时，为什么感受却会各不相同？

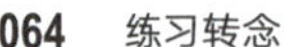

某种程度上这是一个谜，因为动机结构在整体上扮演着与我们整个人格同样重要的角色。

我喜欢用拼图做比喻来解释这一点。想象一下，现在我们有五百块拼图。不同的人格表现诊断方法使我们能够看到数量有限的相互关联的拼图块，以便我们可以专注于整个拼图的一个角落，进而了解整个画面。但总有一些拼图块，无法和其他的部分匹配，在我的这个比喻中，大约是两百块。换句话说：人的个性永远无法被完全分析，这可能是件好事。尽管如此，我们还是可以更多地了解人类的个性，并运用这些知识，特别是为了更好地管理生活中许多不同的关系。

将个性作为进步的来源

至关重要的是，我们不仅要容忍一个人的个性，还要接受它、欣赏它，并把它当作进步的来源。

例如：一次深刻的经历，甚至是一次深刻的认识，决定性地改变了我的生活和我对事物的看法。那是我结束一场研讨会后回家的时候，顺路拜访了一位朋友。我还没有进门，我的朋友就迫不及待地说：“弗劳克，你不知道今天发生了什么……”哦，原来是她发现十五岁的女儿吸烟。

首先做到倾听

我的第一个想法是：“好吧，这并不意外。母亲抽烟，父亲也抽烟，所有的年轻人都会在某一天尝试一下。”但我记得，当时我已经意识到自己只是被朋友的观点引导，而不是中立地看待这个情况。

我在潜意识中大声告诫自己：“弗劳克，闭上嘴，听她说什么。”我们进屋坐了下来。我靠在椅背上，选择了一个尽量让自己舒服的姿势。这时我的潜意识再次跳了出来，好像一台复读机一样，急切地告诫着自己：“弗劳克，不要说话，听她说了些什么。闭上嘴，去听。闭上嘴，去听……”

最初的几分钟里，这些话就像咒语一样在我的脑海里盘旋。最终，我进入了她对情况的描述当中。在她讲述故事的最后，我做了与以往不同的行为。我问了她一个问题：“你想要听取我的意见吗？”她的回答非常自然，且感觉像给了我一记响亮的耳光。“不！”她说，“我只是想发泄这件事，今天晚上让我们好好聊聊。”

倾听是为了理解，还是为了回答？

那一刻我明白了，用倾听来了解意图是什么意思，而不是去直接回答。这是一个真正的突破，由此开始改变了我在这种情况下的行为方式。每当我提到这个例子的时候，总是想说一声“谢谢”。因为，如果没有这次经历，我也就不会有今天的发现。是的，人们想谈论某件事，提出他们的观点，但却并不一定想听取某些没有被提问的意见。现在，在类似的情况下，我总是会问对方：“你需要我的意见、我的观点以及我对它的评论吗？”如果答案是否定的，那我就接受——尽管这对我来说有些困难。

当然，这不是一个简单的方法，但它确实有助于人际关系的发展。因此，要意识到一段关系对自己的重要性，然后由你来决定是否要在当前情况下重新审视自己的观点。关系总是有好处的，哪怕仅仅是因为爱——这也是一种好处。好处通常是理想的结果。结果可以满足需求和动机。那么让我们再次回到五星原则的因果关系上来。

他和她：一对夫妻，两种观点

我想补充一个经典的**例子**，它很好地描述了女性和男性的视角有多么不同。

她在日记中写道：“星期六晚上他表现得非常可笑。本来我们计划一起去酒吧待一晚。但我和闺蜜待了一天，回家太晚了。也许这就是他生气的原因吧。不知怎的，我们几乎没有什么对话。我建议去其他地方，因为经常改变约会地点有助于转换心情。他同意了，但仍像之前一样保持沉默和心不在焉。最后，我问他发生了什么，但他只是告诉我‘没事’。然后我问他，是否我让他心烦意乱。他说这与我无关，我不应该担心这些。他平常不会这么说。

“在回家的路上，我告诉他我爱他，但他一言不发。我不明白，他为什么不说‘我也爱你’？当我们回到家时，我觉得我失去了他，他并不是真的爱我。他只是坐在那里看电视——他似乎离我很远。最终，我回到卧室躺在了床上。过了一会他也来了，我仍然觉得他心烦意乱，他的思绪不在我身边。所有这一切对我来说都太过分了，于是我决定与他直接谈论下这件事。但他已经趴在那里睡着了。我哭到无法入睡。我不知道该如何继续下去了。我几乎可以肯定，他有了新欢。我该怎么办？”

但是如果他写日记，他的日记内容是：“我喜欢的球队今天输球了。”

是的，现在我们可以说：男人和女人是两种完全不同的生物，在感知和交流上是行不通的。但这个答案显得有些太平庸了。当然，从进化的角度来看，我们有不同的印记和观点，但思维能力使我有机会以全新的方式来观察这种差异，而不是将不同的观点视为错误。

行为会被揭示和评估

我们倾向于解释和评估事件、情况、行为，而这种解释总是与自己的视角密切相关。你不会因为我不相信一本健康食谱，就决不去了解和评价这本食谱的有效性，对吧？我们应该定期问自己以下问题：

- 问题的原因有多少是因为我？
- 这是我自己的价值观吗？
- 我是否期望一个人的行为方式与他现在不同？

不总是可取的：与自身相关的行为

上面例子中的那位女性可能会问：问题是在于我期望他能够不言而喻地明白，他的沉默会引发我的不良情绪吗？他为什么不告诉我“亲爱的，今天球队输球了，我心情不好”，回答应该是：是的，确切地说，他为什么不这样做？这是显而易见的，对吧？但其实也不全是如此，因为这也是一个值得考虑的问题。对这位男性而言，这一天并不美好，因为球队输了，这点上毫无疑问。但这位女性现在所指的是发生在自己身上的完整行为。所以在这一点上，女性朋友们，我们是无懈可击的，哈哈。

结论：如果我不清楚问题的原因，那么我总是有机会提出问题，以便于更好地理解对方。

自我反省：你最重要的价值观是什么

在这里，我想邀请你做一个**练习**。为此，你需要准备六张大小相同的纸和一支笔。请在每张纸上写下一个对你来说特别重要、有价值的事情。这些事情可以是物质层面的，比如房子、工作、金钱等，又或者是精神层面的，比如爱情、家庭、健康等。请给你自己留出足够的时间来做选择，因为它们必须是你生命中最重要、最有价值的六个“价值观”，为了它们你可以付出很多的那种价值观。

准备好了吗？接下来我将带领你开始这场幻想之旅。

你现在身处一艘大型豪华游轮上。别担心，在这里你不会晕船。这是一次真正的梦想之旅，在船上只有你喜欢的环境，喜欢的人。天气非常好，你在这里可以度过最美好的时光。

一个声音从广播中传来：“女士们，先生们，我是你们的船长。请你们专心收听我接下来要告知的内容。出于安全考虑，我们要求所有乘客马上到达集合点，进行救生衣发放。你可以在那里获得工作人员的进一步指示。谢谢。”（广播结束）

所有人都开始向集合点走去，在那里，你见到了大副。他环顾四周，然后对你说：“我很抱歉，你的救生衣不见了。但如果我不能给你一个解决办法，我就不配做大副。”他思考了一下，说：“我可以为你提供一件备用救生衣，如果没有这件重要的装备，你就没办法继续安心地进行旅程。但就像生活中所有的事情一样，这是有代价的。你必须给我两个你最重视的价值观！”

请你思考一下手中对你非常重要的这六个价值观，决定好要将哪两个交出去。

交出两个重要的价值观

好吧，旅程还在继续。你拿到了救生衣。船仍旧在航行，船上不仅仅有你喜欢的人，还有你最喜欢的食物和饮料，舞台上表演的节目也是你最喜欢的，你现在的感觉棒极了。

突然，广播中传出一阵噪声，接着船长的声音再次响起："女士们，先生们，我是你们的船长。请你们专心收听我接下来要告知的内容。很遗憾，我们的船没办法继续前进了。请大家马上到达之前的集合点。你可以在那里获得工作人员的进一步指示。谢谢。"（广播结束）

船上的每个人都按照广播的指示开始行动，你也随着大家一起来到了集合点，并在那里见到了之前的大副。他看起来有些沮丧，对你说："我很抱歉，有一个不幸的消息。我们的救生艇上没有更多的位置了，你不能留在船上。如果我不能给你一个解决办法，我就不配做大副。其实我们这里还有一艘小帆船，像其他的救生艇一样，这艘小帆船也可以从游轮的侧面放到海里。但就像生活中所有的事情一样，这是有代价的。你必须给我两个你最重视的价值观！"

再次交出两个重要的价值观

我知道，你可能想要放弃了，不想再进行这场幻想之旅了。但请坚持下去。看看你手中剩下的四个价值观，下定决心选出两个。请仔细选择，这可没有后悔的余地！

现在你仔细收好手中仅剩的，最为重视的"两张纸”，爬进了小船。水手们拉动滑轮，想要把你的小船缓缓地放到海里。突然间，一个大浪拍了过来，小船被拍得左右摇摆，你一下子坠入了水中。这时你看到站在附近一艘救生艇上的大副，他向你喊着：

“游到这边来，快，我拉你上来。但是——这是有代价的。我可以拯救你的生命，但你要再交出一个重要的价值观！”

只剩一个价值观了

如果生命都没有了，这些对你还有什么价值？所以，你又交出了一个，你现在手中只剩下唯一的“一张纸”了。它是你六个最有价值的“事情”中最重要的，你绝对会优先考虑的。好了，我将在接下来的实用技巧中进行解释。

实用技巧：如何改变你的观点

你吃了不少苦头，心情沉重，告别了五个重要的价值观。现在，你的手中紧握着的是对你最重要的东西。我坚定地认为，剩下的这唯一的价值观，与某种关系有关，要么是与其他人的，要么是与你自己的。我猜得对吗？

为什么要讲这么一个戏剧性的故事呢？因为，它将告诉你，在你的生活中什么才是真正重要的，并会鼓励你进行反思。请问自己以下这两个问题：

- 你为了这一价值观有过哪些高质量的行为?
- 你如何确定这个价值观，并且怎么知道这就是你最重视的?

如果你只是偶尔向他人展示过这份价值背后的重要性，那就只是嘴上说说而已。

对你而言，那些重要的人或事决不能成为那些不重要事物的牺牲品——而且往往会显得更为迫切。

不只是好的决心，更是真正重要的事

因此，拿起纸和笔，写下对你来说重要的一切。仔细审视你的生活，无论工作方面还是私人方面。了解自己最重要的价值观，并为它提供所需的空间和时间。开始为你的重要事务制订计划，给它们足够的时间，将它们融入每月、每周和每日的日程。除了时间，还要提供所有其他必要的资源。这不同于传统的新年规划，而是最迟在二月份就要向自己寻求正确的解释，逼问自己为什么没能执行这些决定。对你而言什么是重要的?我的意思是，那些**真正重要**的。行动起来!

图 10 内心的懒猪
（作者：提莫·威尔茨）

赶走你内心的那头懒猪，让你的习惯呈现出崭新的样子。在你生命的这辆巴士上，你是想掌控方向盘，还是窝坐在最后一排浑浑噩噩？

只有有活力的价值观才是真正的价值观，最终会让你感到满意和幸福。

> 如果你想要有一些小变化，就要让你的行为有所改变。如果你想要有翻天覆地的变化，就要改变你的范式。
>
> ——史蒂芬·柯维

第三颗星

我们的大脑

自动化和情绪如何决定我们的行为

在五星原则中，大脑起着核心作用。毕竟，如果没有大脑，我们就不会发展出任何动机和观点，更不用说行为方式了。大脑是因果关系的起点和终点，也是中心。无论我们从什么样的角度看待问题，它都会影响整个过程。它是一个“转换器”，将我们的动机和观点转化为某种行为。

大脑与个性

如果想从人类的身体中找到个性的所在地，那就只能是在大脑当中。现代脑科学认为，我们所做的一切都依赖于我们大脑的结构和功能。你的个性是由你的神经细胞连接的方式决定的，由你所学到的、你所记得的、你所经历的、你所做的，以及你对自己的看法所引发。脑细胞决定你是谁以及你如何成为自己。接下来让我们仔细讲解一下。

大脑从中一分为二，由左右两个半球组成。表层被大脑皮质（大脑皮层）覆盖。如果将大脑皮质平铺开，大约有 2200 平方厘米。大脑皮质中约有 140 亿个神经细胞，它们由 5000 多亿个突触连接起来，组成所谓的“神经网络”。这些神经细胞极其微小，针尖大小的位置就可以容纳 30000~50000 个神经细胞。

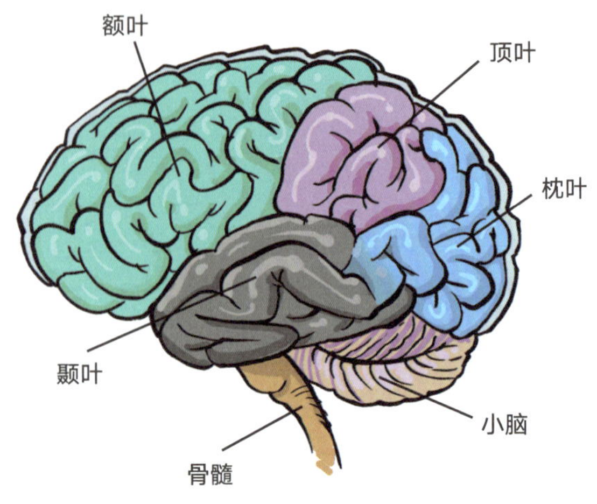

图 11　大脑的构造

大脑皮层细分为四个大区域，被称作“脑叶”，每个区域具有不同的功能和作用，它们分别是：额叶，顶叶，颞叶和枕叶。

我们可以对大脑重新编程

在很长一段时间里，科学界认为大脑是“固定连接方式”的，它的这个特质是无法动摇的。而在今天，进步的科学技术已经证明，习惯性和自动化的行为是有可能被改变的，并可以重组大脑中的神经连接。我们可以在任何时间、任何年纪，离开自己固有的思路，在精神上开辟新的思考方式。改变我们思想和行动可能性的专业术语是“神经可塑性”。然而，这种变化的前提是，我们能够跨越某些自动化的反应，并控制我们的情绪，进而改变我们的行为。

自动化决定了我们的日常生活，而我们并没有意识到这一点。以驾驶汽车为例：

在我们刚开始学习驾驶的时候，必须有意识地思考每一个换挡过程，注意每个交通标志并不停地观望后视镜。而当我们成了老司机，大多数时候都会自然而然地驾驶着汽车，即使是长途跋涉，我们也不会刻意地去回忆这些行为。更重要的是，在驾驶的同时，我们还能处理一些其他的事——我要声明，这样做并不可取，但重要的是，我们的大脑有能力这样做。

自动化和习惯

这些自动行为是牢牢固定在大脑中的习惯。我们进行某些行为的次数越多，它们在大脑中的联系就越强。根据重复法则，如果我们反复“循环播放”同样的思想和行为模式，那么迟早会出现一种熟悉、习惯和简单的思维、行为以及存在方式：我们个性的“抽屉”。也就是它定义了我们的头脑为自己设定的界限。

接下来让我们做一个小**练习：**

请将你的双手按照平常习惯的方式手指交叉握在一起。感觉如何？挺好的，对吗？这是一个熟悉的手部动作。现在请用另一种方式来将手指交叉在一起：向上或向下移动手指，使另一只拇指放在上面。感觉如何？有些好笑吗？不习惯？如果你每天以这种不熟悉的方式练习双手交叉，总有一天你会感觉“正确”。

这就是我们大脑的工作原理。如果我们离开熟悉的神经通路，开始练习其他行为或思维模式，一开始会感觉很奇怪。但随着我们练习得越多，改变也就越容易。就像我们的身体，如果起初我们期望锻炼自己，达到一个不寻常的运动量，那么第二天，我们就会浑身肌肉酸痛，大脑也是一样。但是，如果我们有规律地锻炼，使身体活动变得常规化，我们也就不会再感到肌肉酸痛。

个体之间情绪的差异对其行为有决定性的影响。某些事物对于有些人是快乐的，而对另外一些人则是痛苦的。一些人处于某种状况中时会感到开心，而另一些人则感到巨大的恐惧。产生不同情绪的原因在于情绪调理的过程。我们所做的或所经历的，都有积极、消极或中性的后果。它们在我们的大脑中被无意或有意地进行了登记，贴上了相应的“标签”，并存储在我们的经验记忆当中。一旦我们进入被大脑归类为“已知”的情境，与之相关的情绪就会再次出现在我们身上。例如，如果我们被一个人反复拒绝，那么我们就会将这些经历与不良情绪联系起来——这反过来又使我们很难与那个人建立良好的关系。

但这与动机、观点和行为方式有什么关系呢？让我们回到杜宾犬的故事。同样，这里有一个单独的突触连接。你与狗有过不好的经验，杜宾犬的形象与恐惧的感觉是分不开的，并且这种观点直接表现在了你的身上：“所有的杜宾犬都是危险的。”当你遇到杜宾犬时，你的大脑以闪电般的速度来到了“体验箱”里，发现杜宾犬只与不好的感觉有关联。“杜宾犬是危险的”这个观点已经产生并且深入内心。那么，你现在的行动是什么？没错，你会尽可能地远离这条狗，以避免不舒服的感觉。

你看，你的大脑通过你的情绪决定你的行为。

在日常生活中，当与人交往和面对自己时，这种局限往往导致我们不知道为什么去做或者不做某件事。而到最后，这甚至可能导致我们不仅仅是害怕杜宾犬，而是害怕所有狗。而且往往因为这种情况，我们失去了寻求五星级结果的机会。

创造积极感受，避免消极感受

如果我们想要成为大脑的主人并改变行为，必须首先理解，为什么某种感觉在我们内心被触发，并形成某些观点。为此，我们应该把重点放在个人的需求结构上。只有当我们能够看到这种行为改变所带来的优点并且满足我们自身的需求时，行为的改变才有可能实现。人们都会努力创造积极情绪并避免消极情绪。对于未知的事物，我们经常都会采取回避的态度。毕竟，我们可以记住那些令人不快的地方、人或事件，这些地方、人或事件都会触发我们内心的不良情绪。因此，我们通常更喜欢钻进自己的“舒适区”，以确保可以享受美好的感觉。

情绪是种化学反应

大脑通过满足、喜悦、开心等情绪释放一系列“幸福物质”，如血清素、内啡肽和神经肽，这些物质具有止痛和减压功能，并引发极大的幸福感。也就是说，情绪最终是一种化学过程，或者用安东尼奥·达马西奥[8]的话说：大脑的化学和神经反应的组合。

例如，如果你记得感到非常羞愧的情况，你的大脑就会

8. 安东尼奥·达马西奥，美国南加州大学神经科学、心理学和哲学教授，欧洲科学与艺术学院院士。著有《笛卡尔的错误》《万物的古怪秩序》等。——译者注

刺激与“羞耻感”相关的神经模式。你的中脑最终会把信息传递给你的身体，这样它就能产生化学物质——一种个性化的配方，可以恢复与过去经历相关的情绪。

因此，也难怪我们更喜欢熟悉的，而不是不可预测的情况，并因此“一如既往”地行动。因为我们都渴望美好的感觉，甚至会对它上瘾，尽可能地满足个人需求，达到“化学反应”。而不幸的是，这并不总能带来我们努力想要得到的五星级成果。

因此，我们的目标始终应该是改变行为，以达到满足中长期需求的结果。也就是说，动机和结果（或目标）必须是一致的。

自我效能：通过行为影响结果

对于加拿大裔美国心理学家阿尔伯特·班杜拉[9]来说，动机和目标的一致性是自我行为控制的先决条件。在这方面，他谈到了自我效能，这是一个主观评估的问题，即目标的实现可以受到自己行为的影响。如果动机和目标是一致的，那么我们就会感到满意、积极主动和高效。因为我们了解到，通过改变自身的观点，我们也可以改变自己的行为，从而达到满足内心需求的结果。在这方面，无论面对自己还是他人，都要注意个人的动机和由此产生的观点。

举个关于日常领导力的**例子：**最高管理层的当下目标是组织一个更加强有力的部门，更有效地工作并最终增加盈利。为实现这一目标，管理人员需要发挥更强大的运营作用，以直接的对话伙伴身份与团队更紧密地合作。然而，明显的是，

9. 阿尔伯特·班杜拉是美国具影响的心理学家之一，社会学习理论的创始人，斯坦福大学终身教授。——译者注

这些要求与团队管理者表现出的强烈的独立动机和虚弱的社交动机是相矛盾的。此外，这位管理者还形成了一种观点，认为管理层不应该被视作团队的一部分。这种观点和动机的结合，使得领导者无法获得五星级的结果。

从中期来看，对于独立和“各自为战”的要求必然不会得到满足，因为这与想要的结果背道而驰。如果这位管理者想要达到最终的结果，那么他必须首先研究自身的观点，然后寻找一种方法来满足其在中长期的需求。例如，可以引入在总部进行的咨询活动，每周一次，每位员工都会被单独“挑选”出来培训。这样的话，这位管理者不必把过多的时间花费在参加大型团队会议上，而员工还可以感受到“私人待遇”——赞赏和理解。集中进行的客户研讨，或者具体目标安排，也可以对管理者和员工产生帮助。

当谈到改变行为时，大脑经常会阻止我们。它想让事情自动化，养成习惯。这可以使我们拥有安全感和控制感，减少对不可预测的未来或失败的恐惧。那么，既然习惯就是舒适感，我们为什么要做一些不同的事情呢？不幸的是，完成某些目标需要不同的行为和观点。

奖励你的大脑

为了让大脑参与进来，我们必须给它一个明确的、更大的奖励。让我们再次用上面的**例子**来说明：高级管理层要求这位管理人员与团队成员更紧密地合作，以提高效率。然而，这与他强烈的独立动机和虚弱的社交动机背道而驰。简而言之，这位管理者没有团队合作的需求。现在有两种可能性：

1. 遵循内心的动机特征，虽然这会阻碍既定目标的实现。

   这也不符合高级管理层的要求。

作为补偿的奖励

2. “争取一种奖励要求，使他可以很快忘记不期盼的团队合作。这个变体要求可以满足其他的强烈动机。以家庭和储存 / 收集动机为例。它们在之前提过的那位管理者的故事中也曾出现过。为了实现行政管理的五星级结果，满足管理者中长期的需求，可以为他们提供两个概念：

(1) 弹性时间模式，使员工可以更加灵活地照顾家庭；

(2) 与部门成果相关联的佣金模式，如果这个概念可以成功实施，则可以为员工提供额外的收入。当然，这种个人奖励结构的先决条件是，公司最高层也能理解并考虑到团队管理者的需求。

结论：为了获得更好的结果，我们需要经常改变行为，放弃习惯，从而激活大脑中的其他神经元之间的连接。换句话说，我们需要放弃对自己来说最容易的东西，迫使我们的大脑以不同的方式进行神经元连接。

为什么要先了解自己或他人

引导自己或他人向特定的方向发展，从而取得更好的结果，前提是需要了解自己或他人。但在实践中，这通常不那么容易。每个人都会产生不同的需求、观点和行为。是什么在激励着我们？我有哪些观点？其他人又有什么样的观点？

在与他人的互动中，在我们想要传达信息并得出结果之前，应该反复问自己这个问题。

我们必须始终意识到，我向对方传达的信息，或我给他的结果，可以由他做出完全不同的解读。从他接收我的信息开始，信息的意义就已经取决于他大脑中所储存的内容了。在理想情况下，对话双方的大脑中都会有相似的含义，换句话讲：如果双方的理解、感觉相似，那么期望的结果最终对双方都是五星级的结果。

始终与社交关系有关

“了解你自己！”——这就是伟大的希腊哲学家苏格拉底所要求的。他应该补充说：“也去了解其他人。”因为这不只是与我们自己有关。我们做或不做的一切都与其他人有关，总是与社交关系有关，无论在生活还是工作中，都存在不同层面的社交。不管我们喜欢与否，我们和其他人的行为（或是不作为）总是会导致某个结果的产生。

自我反省：你的大脑是如何运作的

额叶是个性的居所，是我们成为人类的关键。这个部分位于额头，正好在眼睛上方，是大脑进化过程中最后完成的区域，并控制着大脑中其他较早进化的部分。没有它，我们就不会拥有自我意识，因为这里是自我决定、意识和自由意志的所在地。在这个背景下，史蒂芬·柯维特别喜欢谈论最终将人类与其他生物区别开来的四种特有天赋：

- **自我意识**：审视自己的思想、感受和行为方式的能力。
- **想象力**：能够想象超出我们经验的事物。
- **良心**：我们对是非的理解。
- **自由意志**：我们独立于外部影响的能力。

个性的居所

额叶影响我们的行为，我们如何看待世界，以及我们对世界的看法。额叶是进化送给我们的一份大礼，因为它，才让我们有机会反思和改变由基因预先设定的行为方式。如果我们注意力集中，额叶就会特别活跃，因为它在确保我们能够不断回忆某些想法和概念。我们可以专注于目标，制订计划，做出决策，并有意识地管理我们的行为，以实现理想的结果。额叶也是导致青少年过度冲动的原因之一，因为它在这个时期还没有完全发育。大约在 25 岁之后，额叶才会发育完全。

更高的目标

额叶在导致某种行为并形成相应结果的决策中变得活跃。如果我们决心去做，去获得，去体验一些东西，不管我们周围发生了什么，或者谁想阻止我们，那么额叶就会完全活跃起来。这促使马拉松选手在比赛过程中，哪怕腿部多么疼痛，肺部像要撕裂一般，也还是要坚持到达终点。又或者是节食的人，无论面前的巧克力蛋糕多么诱人，都不会吃上一口。他们的额叶使他们想要获得更理想的结果，因此，他们的行为符合更深层次的意图，为了达到目标，就会避开那些香甜的“卡路里炸弹”。

下面的内容显示你可以培养哪些技能，以及当你的额叶处于活跃状态时可以展示哪些行为：

- 强大的意识。

- 有目的的关注。
- 长时间集中注意力。
- 决断。
- 明确。
- 关注度。
- 能够从错误中吸取教训。
- 能够有目的地行事并遵循计划。
- 纪律。
- 斟酌可能性。
- 执行力及从中得到乐趣。

如果我们的情绪干预其中，额叶则会逐步进入安静状态，我们自身也会进入“自动模式”。这些最终都会通过以下特征表现出来：

- 渴望日常生活。
- 厌恶改变。
- 缺乏灵感。
- 不愿学习新事物。
- 缺乏未来的方向。
- 无法完成任务。
- 下意识行为。
- 冲动。
- 健忘。
- 缺乏组织性和结构性。

第一步：自我意识

我们可以激活额叶，实现这一点的第一步就是自我意识，我们需要正确认识到，为了达到预期的结果，我们需要关注些什么。我们必须改变观点并明确地觉察自己：

- 我想成为谁？
- 我需要哪些观点和行为？
- 我需要改变什么才能成为我想成为的那个人？
- 哪些情况会引发不良情绪，阻止我以结果导向的方式完成任务？
- 我怎样才能改变基本条件，使注意力集中，不受干扰地实现目标？
- 谁或者什么，能给予我必要的支持？

屏蔽干扰因素

无论打开的电视、嗡嗡作响的冰箱，还是他人嘈杂的对话、你过去的经历——试着将它们从你的意识中驱逐一段时间，专注于你想要的结果。在这个过程中，偶然遇到的那些会干扰我们的“点”，都可能形成一个联想的链条，并分散我们的注意力，阻碍我们实现最终目标。利用你对内驱力的了解来克服它们。反问自己内心的动机，怎样才能为达到目标提供足够的能量？

实用技巧：如何用你的大脑来有意识地影响结果

第二步：心理练习

当你在自我反思的基础上，已经为转念创造了基本条件，那么现在是时候进行“心理练习”了。想象一下你期望的结果和为了达成它所需要的行为。将自己置于这种情境当中，去感受自己应做的行为与之前的行为有什么不同。感受这些行为，并在意识中练习和体验它们，这都是实现目标所必需的过程。这时候你的大脑里会发生些什么？你的额叶被激活了，形成了新的神经网络——就像你真的做出了这些行为一样。因为，你的大脑其实并不在意你是否真的去那样做了，还是只在想象中完成它。

如果你可以经常从认知层面去练习一种行为，表达一种感觉，或者呈现一种不同的态度，那么你的实际行为也将随之改变。

例如：你经常受到一位同事的骚扰，他以傲慢的态度激怒你，并在其他同事面前戏弄你。在这些情况下，你却像哑巴了一样，一句话也说不出来，所以你就成了被他盯上的猎物。现在，请想象以下的情况，不要放过任何一个小细节：你在走廊中迎面遇上了这位同事和其他几位同事。当他看到你的时候，就咧嘴一笑，似乎要说些什么——但在他说话之前，你递给了他一张便条，并抢先说："迈尔先生，我相信，你是时候要去和能帮助你的人谈谈了。你似乎在家里一直都被妻子压迫，否则我无法解释你在工作中的那些粗鲁行为。这是史密斯医生的电话号码，一位专攻'男性中年危机'的心理专家。顺便提一下，这个友好的建议是咱们的人力资源主管提出来的。希望你能和这位医生进行良好的沟通并取得成功。"然后你转身离开，只留下那位苍白无语的同事呆站在走廊里。

通过想象来改变行为

我承认：这是一个特别极端的例子。但这些都是通过认知来实现一种新的、不熟悉的行为，并且可以达成期望的结果。而且你必须承认，你在阅读的时候想象了这种情况，对不对？你看！这就是激活额叶的方法。通过心理训练，集中注意力和不断重复，你在大脑中创建了新的神经网络，使得构建一种新的行为成为可能。我们建立了新的、积极的思想关联，并将那些旧的、消极的关联加以删除。现在你可以尝试应用自己的想象和期望的行为了。请相信，我们的额叶有着无法抑制的创造力。

结论：目标应该是能够在一定程度上“预测”行为，或能够有意识地控制行为。这是可以理解的，但是，如果想要认识到为什么会这样做，则是一件困难的事情。正如你在本章中所了解的，我们的大脑是一个极为复杂的交互网络，可以处理不同层次的信息。我们可能永远无法理解这个系统是如何工作的。然而，我们能做的是有意识地感知个性的三个方面：需求、观点和行为，并从中汲取我们的见解。前几章已经提高了你对需求（动机）、观点和大脑功能的认识。在下文中，你将了解到，所有这些是如何影响你的行为，你应该如何识别自己以及其他人的行为模式，以实现五星级的结果。

第四颗星

我们的行为

什么是行为

行为有好的和坏的，有恰当的和不恰当，有挑衅的和平和的，有典型的和非典型的……我可以无休止地列举下去。但问题是：什么是行为？从纯粹的逻辑观点来看，即使我们什么也不做，也是一种行为。

希波克拉底和四种气质

为了更好地理解“行为”，让我们快速回顾一下历史。古希腊时代的希波克拉底[10]将人们细分为四种气质，对应的行为方式分别是：

1. 暴躁：由“黄胆汁”控制，他们喜欢占据主导地位、专制并且声称自己为领导。
2. 乐观：受“血液”影响，他们吵闹、乐观、快乐、精力充沛且富有魅力。
3. 冷漠：受“黏液”影响，他们既安静又稳定，但也有些被动。
4. 忧郁：“黑胆汁”会促进这些人的智力深度，他们容易抑郁，需要秩序，并受情绪波动的影响。

虽然希波克拉底声称体液是行为的原因，但事实上这完

10. 希波克拉底，被西方尊为“医学之父”的古希腊著名医师，欧洲医学奠基人，西方医学奠基人。他的医学观点对以后西方医学的发展有巨大影响。——译者注

全不符合当前的科学结论，不过他的观察和分类至今仍然让人很感兴趣。

类型学理论也基于四种主要类型，它们相互间的行为、沟通和工作方式有着根本的不同。这些都基于卡尔·古斯塔夫·荣格[11]、威廉·莫尔顿·马斯顿[12]、凯瑟琳·布里格斯和伊莎贝尔·迈尔斯[13]等人的发现。

荣格是分析心理学的创始人，他在与病人合作时很快意识到人们有不同的行为，因此需要区别对待。他希望更好地了解个人行为，并将外向和内向作为人类行为的第一个显著特征。

他这样形容外向的人：他们将自己的行为引向外在的客观世界。相比之下，内向的人专注于内在的、主观的世界。但这种划分对荣格来说还是不够的。仅凭它并不能说清楚人们的思想、感受和认知。因此，荣格扩展了他的理论，除了内向和外向，还发展出了两种偏好（我们回应世界的方式，我们汲取能量的方式）：

- 思考和感受——我们如何做出决定。
- 直觉和认知——我们如何记录和处理信息。

因此，荣格根据扩展出的两种偏好定义了“外向”和“内

---

11. 卡尔·古斯塔夫·荣格，瑞士心理学家。早年与西格蒙德·弗洛伊德合作，发展及推广精神分析学说，之后创立了荣格人格分析心理学理论。他的理论和思想对心理学研究产生了深远影响。著有《心理类型》《寻求灵魂的现代人》等。——译者注
12. 威廉·莫尔顿·马斯顿，美国心理学家、发明家，他还创作了著名的漫画人物“神奇女侠”。——译者注
13. 凯瑟琳·布里格斯和伊莎贝尔·迈尔斯：二人为母女，同为美国心理学家，她们以荣格划分的八种类型为基础，经过二十多年的研究后，编制成了“迈尔斯 - 布里格斯类型指标（MBTI）”，从而把荣格的类型理论付诸实践。——译者注

向”，如下所示：

荣格的“外向”和“内向”

外向的思考

这类人……

- 强烈地以可行性和外部条件为导向；
- 具有高度的法制观念，并要求他人也要如此，其中部分人丝毫不妥协，并将“为达目的不择手段”作为座右铭；
- 受实用主义影响，有时候对身边的人表现得冷酷和不近人情。

外向的感觉

这类人……

- 专注于他人，善于交际，喜欢成为众人的焦点，遵守规矩，遵循更传统的价值观；
- 往往显得肤浅，杂乱无章；
- 经常改变自己的观点，因此看起来不值得信任。

外向的认知

这类人……

- 是现实的，以快乐为导向的；
- 把重点放在认知上；
- 有时表现出有目的性的道德标准。

外向的直觉

这类人……

- 努力发现机会，并愿为其牺牲自己；
- 如果无法预见进一步的发展，就尽快放弃这种可能性；
- 很容易分心，无法在一件事情上保持长时间的注意力。

内向的思考

这类人……

- 喜欢研究理论；
- 倾向于可核实的证据、数字和事实；
- 避免让自己过于引人注目；
- 有时候觉得其他人是多余的，或者会打扰到自己，因此表现得过于有距离感或者高冷。

内向的感觉

这类人……

- 只有在信任存在时才会表现出情绪；
- 情绪体验不是广泛的（向外延伸），而是强烈的（向内集中）；
- 追求和谐与持久。

内向的认知

这类人……

- 经常是安静的、被动的；
- 有很强的艺术表现力；
- 想象力丰富和轻信他人。

内向的直觉

这类人……

- 对于意识的发展过程更感兴趣；
- 往往是梦想家，试图将愿景融入自己的生活。

威廉·莫尔顿·马斯顿：DISC

心理学家威廉·莫尔顿·马斯顿同样也研究了人类行为的类型。他将观察到的行为模式分为四类：支配、稳健、获取和创造。后来他用影响和服从代替了获取和创造。这次改动使得这四个类型的首字母缩写词成为DISC。后经他人对此理论的发展，DISC代表了四种基本的行为倾向：

D　支配

I　影响

S　稳健

C　服从

这是关于人类行为模式的最早论述。尽管该方法声称符合科学测量标准，但迄今为止，尚未有独立的科学研究能够提供此类证据。

迈尔斯－布里格斯类型指标

心理学家凯瑟琳·布里格斯和伊莎贝尔·迈尔斯基于荣格的理论开发了另一种模式：迈尔斯－布里格斯类型指标（MBTI）。通过荣格的八种基本类型，再将每个类型分为两个子类型（I/E, N/S, F/T, J/P），它们决定了主要的行为偏好：

I 或者 **E**——内向或者外向

N 或者 **S**——直觉或者感觉

F 或者 **T**——情感或者思维

J 或者 **P**——判断或者知觉

所有功能和方向都可供所有人使用。MBTI 可以分辨出哪些特征是属于首选，以及哪些特征是属于从属的信息。

日常工具和方法

荣格的研究结果至今仍影响着现代心理学。诸如舍伦研究所 (Scheelen Institute) 等已将其理论转化为日常工具和方法。

因为上述任何一种工具都有其合理性，所以我不想承诺会使用它们，于是在处理行为偏好时，我通常会谈到类型学。

我的研讨会参与者可以从所有理论模型中受益，帮助他们在实践中取得更好的结果——无论是销售人员、普通员工、经理还是公司高层领导。

行为偏好分析

就像我们的个人动机一样，在使用类型学的时候，其中的决定性因素始终是无关对错的。在与人交往时，重要的是要认识到他人的行为偏好并针对其行为做出相应调整。这通常可以从一开始就防止许多误解和冲突。

为什么我们会有不同的行为

你知道，行为源自需求和观点。由于每个人都有不同的需求并且都戴着“有色眼镜”，所以对世界的看法也各不相同。我们的大脑最终将内心的观点转化为适当的行为。

行为是变革的起点

行为是因果链中最有可能发生改变的环节。与动机不同，我们可以在认知上影响行为。

例如：一个中层管理者，我们称他为乔治，属于典型的外向性格。每周三下午三点钟，他的公司都会举行一次行政会议。这个仪式化的会议将讨论最新的销售数据、客户和实践报告。很少有惊喜，总是一成不变的演讲。乔治喜欢为会议做出贡献，有时他会批评或充满挑衅地质疑其他人的评论。他对改变显得更加积极，希望会议更具有活力。但他呼吁其他人更多地参与进来，和对任务进行更多核查的要求，都没有成功。

批评后的行为改变

而现在，大多数人觉得他太吵、太固执、太苛刻，于是他决定放下“独揽大权”的这双手。“这种反馈肯定是有一定道理的”，乔治这样认为。同时他也感到有些恼火，因为如果其他人能更积极地参与会议，他就不会总是为这一切操心。因此，乔治在接下来的周三会议上，只有在被问到时才会说些什么。会议结束后，每个人回到自己的工位前，收拾物品准备下班。一个同事来到乔治的办公室门口，问道：“你还好吗？”“是的。”乔治回答。在回家的路上，他仍旧思考着这次会议，以及同事们提出的问题。“好，”乔治暗自决定，“下次会议我还要保持安静，也许这就是他们想要的。”

在往后的会议以及其他的团队合作任务中，乔治表现得非常平静和沉默寡言。不久，他的老板要求他到办公室来一下，询问他是否一切顺利。乔治解释了他为什么会改变。乔治和老板进行了一次非常有成效的对话，并决定改革会议方式，使其变得更加有趣。从这时候开始，议程将会提前发送给每个人，以丰富会议中讨论的主题。会议的主持由每个人轮流担当。不再在会议上提供数据和报告，而是事先将其分发到个人，大家只需要在会议中进行解释和讨论。现在的会议更加有效，更鼓舞人心，更有针对性，这个结果对于每个与会者来说都是一个五星级的结果。

根据参与者的行为偏好而改变

诚然，改革会议方式是一个良好的开端，然而，在第二步中，还必须考虑到其他与会者的行为偏好。那些内向的人，思考时间更长，观察时间更长，需要时间来获得信任，都是等到被问到的时候才会进行想法的阐述，即便被问到，通常他们也不一定会自由表达。为了能让这些人真正地融入会议，仅仅发布议程是不够的，要提前表达明确的期望。如果你希望听取其中一位与会者的意见，那么在会议前一天就要要求他就会议本身和要点发表意见。你要明确地让他知道，他的意见对你有多重要。然后，如果有可能，请他有准备地进行一些研究和分析。这样他就有时间来进行一些表达上的选择，因为个性上比较克制的人不喜欢表达考虑不周的意见。现在，会议中建设性的贡献可能会比之前高出许多倍。

为了能够认识到这些差异并相应地为其服务，必须了解不同的行为偏好。

反思你的行为

在这个过程中，我们应该以询问自己一些具体的问题来作为开始，例如以下问题：

- 我在什么时候会有怎样的行为？
- 根据不同情况，我会有不同的行为方式吗？
- 什么时候我的行为会产生适当的回应？
- 什么时候我不能继续我的行为？
- 如何描述我所偏好的行为？

行为在很大程度上是情境性的。“我在家里和在公司非常不同”——你之前可能说过这句话。但你并没有什么不同，是同一个人。你只是表现不同，因为情况不同。我们展示出了许多不同的行为方式，因为我们所处的环境期望我们发生这种行为。当处在母亲或父亲的角色中时，你有不同的行为，这是出于成为榜样的愿望所激发的。你表现出关怀、激励、严谨或慷慨，这样做是因为你所处的角色。史蒂芬·柯维开发了一种非常简单的方法，可以让我们定义自己在生活中的不同角色。

定义生活角色和行为

使用下面的表格（图 12），填入你充当着生活中的哪些角色，比如母亲 / 父亲、员工、同事、管理者、协会成员、女儿 / 儿子、兄弟 / 姐妹，或者，如果你的家族非常庞大，那么也可以只简单填入某个家庭成员的身份。下一步，根据你生活中的角色，对应填入能够描述你通常在每个角色中会有哪些行为的关键人物，比如你的女儿 / 儿子、你的同事 / 领导、你的父母等。

在下一章“第五颗星：我们的五星级结果”中，你可以参考此列表，看看你的观点和行为是否在这些关系中产生了预期的结果。也许你可以根据调查结果来决定，是否应该改变观点，以便在这些关系中实现五星级结果。

行为必须符合角色

每个角色都需要特定行为。如果实际行为不符合对角色的正常理解，则可能发生冲突，就如同乔治的情况。人们通过行为对行为做出反应，我们对自己和他人的行为偏好了解越多，就越能适应他们或修改自己的不当行为。

生活角色	典型行为
生活角色 关键人物	…………………… ……………………
生活角色 关键人物	…………………… ……………………
生活角色 关键人物	…………………… ……………………
生活角色 关键人物	…………………… ……………………
生活角色 关键人物	…………………… ……………………
生活角色 关键人物	…………………… ……………………
生活角色 关键人物	…………………… ……………………
生活角色 关键人物	…………………… ……………………

图 12　自己的生活角色

有时候，我们很幸运，可以得到建设性的反馈，让我们有机会检查自己的行为是否合适，并产生预期的结果。然而，有时候我们也要面对挑战和行为带来的残酷后果。或者我们只是在事后才意识到这是不合适的，只能去道歉。遗憾的是，我们很少能得到关于自己行为的整体反馈。即使我们特别要求，也不确定听到的就是对方的真实想法。

重要的是我们如何看待自己。在担任培训师的十几年中，我经常能够帮助人们质疑他们的观点和行为方式，并更有意识地使用它们，大多数情况下都会有非常好的结果。不同的人际关系获得了新的动力，互动更加有效，管理者成为真正的管理者，消极的员工再次成为卓越的人才。在自己的行为偏好与特定行为之间取得平衡，这一点非常重要。

不要只是简单复制他人

在这种情况下，我总是会想起我职业生涯的开端。在我 24 岁的时候，就担任了系主任，但不幸的是，我对管理一个系的想法和我对量子物理学的想法一样多。我该怎么办？我模仿其他系主任的行为，就像大多数人做的一样。我这样的行为持续了很久，直到这份工作结束。这就是行为中容易被混淆的地方，我们采用了他人的行为，因为我们相信这样做是正确的并会被所有人接受。但是，我们往往只是认为这是成功的，却忘记了我们的行动也应该满足自身的需求。

扩大自己行为方式的范围是可取的，也是完全可能的。但它不会在一夜之间就能够完成，而是需要稳定而规律的练习。

如何识别和控制行为模式

你向一位潜在客户发送了邮件，这封邮件在视觉上和内容上都很吸引人。然后你给这位已经收到邮件的客户打电话，尝试约他面谈。有些时候你可以邀约成功，和对方坐在一起谈话。这时候你再次向对方介绍了与你建立业务关系的所有优势。这位潜在客户听得有些兴奋，但态度有些犹豫，想要再考虑一下。于是你们互道再见，客户转身离开——从此再无音信。

通过改变观点来改善客户关系

你有过这种情况吗？你做好了一切准备，对自己的产品或服务了如指掌，知道如何向客户呈现所有优势。不过这些都与交流无关。也许是谈话中的某些冷场，使你有一些不愉快的感觉，没能使你与交谈对象真正地产生“互动”。分开时冷静地告别，意味着你与潜在客户的关系在真正开始之前就已经结束了。为什么会这样呢？当然不是因为你缺乏专业知识或专业精神，也许更多是因为缺乏对潜在客户的了解。这并不是说你是否应该知道他的名字，或者他曾经做过什么，而是他真正想要的是什么，他需要什么，如何满足和激励他。你可以改变这一点，以便在互动中达到五星级的结果！改变你的观点，分析你和对方的行为。我会带领你，告诉你如何去做。

行为是有不同“类型”的。如果你摇摇头说，人类不应该被划分为某些固定模式，那么，你是对的。类型学并不想把它们归类到某些条条框框的固定模式之中，而是要指出，人们或多或少都可以发现自己在某个方向上倾向的程度。这些行为倾向可以通过 Insights Discovery®、DISG® 或 InsightsMDI® 等诊断评估方法进行科学的测量。

分析行为偏好

评估基于在线测试，生成的结果将被转换为图表。图表基于四种颜色，可以说明最显著的行为偏好（稍后将详细介绍）。

图 13 Insights Discovery® 条形图

对行为偏好的分析向人们展示了他们在某些情况下会有什么样的表现。行为类型有助于：

- 更好地适应他人的喜好，根据类型进行沟通，从而使互动更加成功。
- 改善人际关系。

- 建立有效和持久的关系。

四种行为类型

类型学基于这样一种假设，即可以将人类分配为四种行为偏好类型。为了更好地表现它们并易于识别，为它们每个指定了一种颜色：

实干者

表演者

关系家

分析师

某一个颜色越明显，人们的行为就会越倾向于此。然而，此时还应该提到的是，这四种基本偏好类型通常不会在现实中单独发生。因此，它们只是理想型的表现形式。大多数人是至少两种类型的“混合体”，有时甚至更多。当然，每个人都可以通过特定的情绪和行为生活——甚至是那些对他来说相当陌生的情绪和行为。

内向 / 外向和思考 / 感受

行为类型首先会因为四个因素而产生差异：内向、外向、思考、感受。

内向的人更多地关心自己的想法、价值观和感受。他们更容易独处和自娱自乐。他们在表达之前会先观察，更自省，更保守，想得比说得多。他们需要更多不受干扰的时间来完成任务。

外向的人大多数是会受外部事物影响的物质主义者。他喜欢成为众人瞩目的焦点，需要其他人的好感。通常他们是热闹和显眼的。他们健谈、善于交际、注重行动。

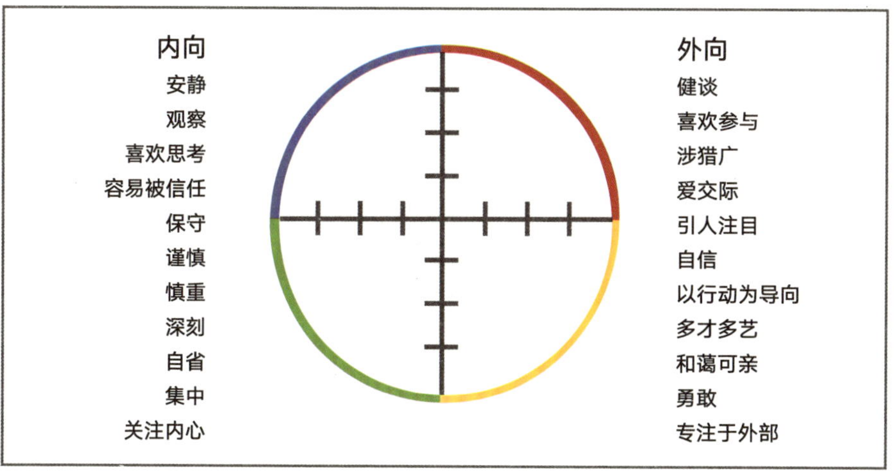

图 14　四个因素中的内向和外向

另外两个因素——思考和感受，则决定了决策过程。

理性的思考者更多地根据逻辑、数字、数据和事实来决定。他们在形式上、分析上表现为以结果为导向、结构化，并使用一切资源来支持客观性的内容。

感性的思考者则是更多地依赖感情和直觉，更加个性化、自主化，具有支持性和包容性。他们往往更加寻求经验与和谐。

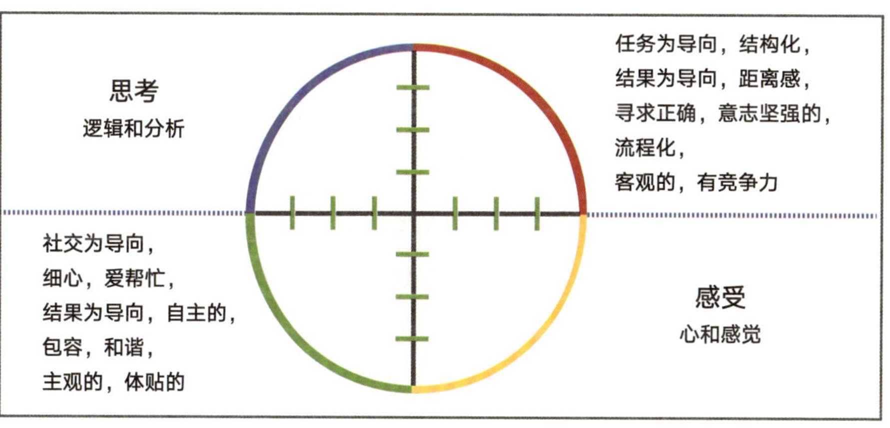

图 15　四个因素中的思考和感受

需求影响了行为偏好

在五星原则的含义中，一个人的典型的行为偏好可以从观点和需求 / 动机中得出。因此，个人需求对行为偏好具有决定性影响。

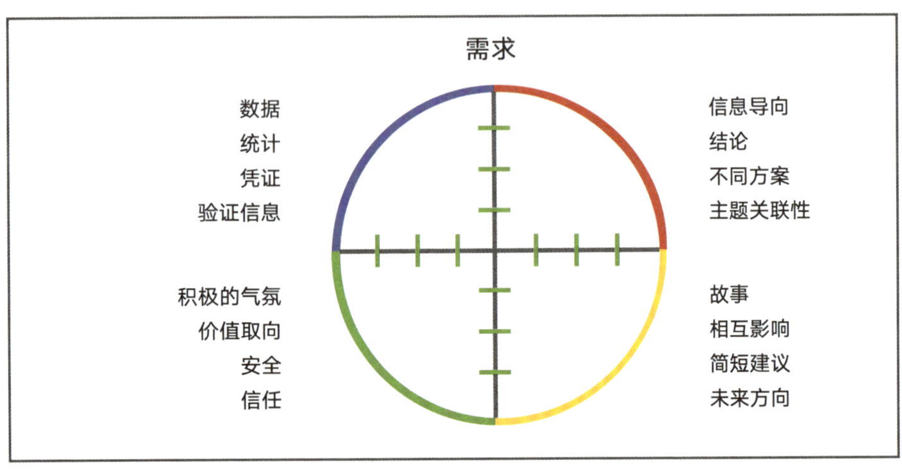

图 16 四种行为偏好类型中的需求

改变观点

观察典型的行为偏好，会为我们提供关于如何管理需求和行为间相互影响的重要线索，这就需要改变观点。我们可以有意识地关注更多方面：对方表现出了哪些行为，以及这些行为表达了什么需求？

有时候，了解一个人更内向还是更外向，是思考者还是情绪型的人，只要看自己的行为方式是否适合对方就足够了。不是说简单模仿对方，而是要认识到他的不同，不是说和内向的人小声说话就可以减轻他的负担，也不是说外向的人面对数据、事实和数字就会觉得无聊。

外部评估

接下来你可以做一份个人评估。［外部评估和后续的自我评估，数据来源：弗兰克・M. 席勒所著的《赢得你的每一位客户：销售中的沟通之美》（*So gewinnen Sie jeden Kunden:Das 1x1 der Menschenkenntnis im Verkauf*）]

在下图中，勾选出你认为适合于某个人的所有属性：

第一部分

1	善于分析	❑	2	能说会道	❑	3	擅长鼓励他人	❑
4	果断	❑	5	持续	❑	6	坦率	❑
7	细心	❑	8	支配性	❑	9	有条理	❑
10	擅长交际	❑	11	稳定	❑	12	意志坚强	❑
13	多疑	❑	14	慌张	❑	15	拖延	❑
16	不容忍他人	❑	17	吹毛求疵	❑	18	头脑发热	❑
19	优柔寡断	❑	20	狂妄	❑	21	自制力	❑
22	有活力	❑	23	有同情心	❑	24	有目标感	❑
25	考虑周全	❑	26	热情	❑	27	忠诚	❑
28	索取	❑	29	没风度	❑	30	轻率	❑
31	愤恨	❑	32	不讲情面	❑	33	轻微抱怨	❑
34	挥霍	❑	35	低调	❑	36	毫无顾忌	❑

图 17 外部评估（第一部分）

第二部分

哪些陈述适用于此人？请再次勾选所有与他相关的句子。

1	从经验中学习，不想再次受到同样的伤害	❑
2	有责任心，有条不紊，喜欢处理数字和流程	❑
3	通过方法带来改变	❑
4	善于交际，容易结交他人	❑
5	信任他人，也能被他人信任	❑
6	在背后默默支持一件事	❑
7	是一个现实的、适应性强的、务实的问题解决者	❑
8	人们背后都说他是迷人和令人信服的	❑
9	谦虚，耐心，放松，没有威胁	❑
10	纪律严明且非常精确	❑
11	做事高效并愿意承担责任	❑
12	想象力和活力都很充沛	❑
13	忠诚，富有同情心，愿为他人付出	❑
14	根据明确的标准解决任务	❑
15	在与他人的竞争中想要不惜一切赢得胜利	❑
16	经常是灵感和乐趣的源泉	❑
17	具有强烈的个人信仰和价值观	❑
18	建立在合理看法的基础上	❑
19	有强烈的自我意识	❑
20	寻求任务和关系中的多样化	❑

图 18 外部评估（第二部分）

第三部分

观察这个人, 现在尝试根据个性特征选择一个恰当的陈述。

个性	红色		黄色	
反应	快速回答	❑	畅所欲言	❑
眼神接触	直接	❑	热情	❑
肢体语言	不耐烦	❑	开放	❑
声音	明确 / 直接	❑	重感情 / 活泼	❑
步伐	有力 / 迅速	❑	有力 / 有生气	❑
交谈内容	关于成就	❑	关于想法与人	❑
倾听方式	不耐烦	❑	东拉西扯	❑
性格	专横	❑	友好	❑
行为方式	强烈的自我	❑	积极 / 乐观	❑
决心	坚定	❑	变化无常	❑
担心	浪费时间	❑	被拒绝	❑
着装	品牌意识	❑	时尚	❑
要求	设计 / 质量	❑	颜色 / 样式	❑
总和				

图 19 外部评估（第三部分 -1）

个性	绿色		蓝色	
反应	缓慢 / 犹豫	❑	高深莫测	❑
眼神接触	冷漠	❑	飘忽	❑
肢体语言	矜持 / 平静	❑	封闭	❑
声音	情绪化 / 平静	❑	无感情 / 矜持	❑
步伐	不太有力 / 均匀	❑	不太有力 / 自制	❑
交谈内容	关于感受与人	❑	关于细节 / 事实	❑
倾听方式	乐于倾听	❑	选择性的	❑
性格	敏感，同理心	❑	有价值的	❑
行为方式	细心	❑	批判 / 怀疑	❑
决心	犹豫	❑	平衡	❑
担心	冒险	❑	犯错	❑
着装	舒服合适	❑	保守	❑
要求	可靠性 / 花费	❑	技术细节	❑
总和				

图 19 外部评估（第三部分 -2）

解析

第一部分结果

请你再次回到外部评估的第一部分（图 17），查看你勾选了哪些内容。每一个选项都有与其对应的颜色。统计每种颜色中标记的数量，相加得出一个结果（最大结果为 9）。

蓝色		黄色		绿色		红色	
01		02		03		04	
05		06		07		08	
09		10		11		12	
13		14		15		16	
17		18		19		20	
21		22		23		24	
25		26		27		28	
29		30		31		32	
33		34		35		36	
总和		总和		总和		总和	

第二部分结果

现在请将第二部分中的选项（图 18）根据颜色进行分配，并计算出每种颜色的总和（最大结果为 5）。

绿色		黄色		蓝色		红色	
01		02		03		04	
05		06		07		08	
09		10		11		12	
13		14		15		16	
17		18		19		20	
总和		总和		总和		总和	

第三部分结果

请你将第三部分（图 19）中分属不同颜色的选项计算总和（最大结果为 13）。

红色总和		黄色总和		绿色总和		蓝色总和	

三个部分结果的汇总：

现在将各个部分得出的数值填入下面的表格：

第一部分：

蓝色总和		黄色总和		绿色总和		红色总和	

第二部分：

绿色总和		蓝色总和		红色总和		黄色总和	

第三部分：

红色总和		黄色总和		绿色总和		蓝色总和	

现在，请将三个部分每种颜色的数值相加，得出最终的总和：

第一至第三部分：

红色总和		黄色总和		绿色总和		蓝色总和	

根据这个表格中的结果，在下面的图表中为每种颜色绘制一个由下至上的柱状图。请不要将不同的颜色混淆。每种颜色的数值越高，图形就越长。

拥有最长图形的颜色就是表现最强的行为方式。

红色	黄色	绿色	蓝色	数值
				30
				25
				20
				15
				10
				5
				0

类型学的好处

更清楚地了解人类行为的范围——这就是划分这四种行为偏好类型的意义。毕竟，你对交谈对象的目标、动机、担心、沟通方式和关注点了解得越多，你就越能理解并回应他们。

你肯定知道的黄金法则：

以你自己想要被对待的方式对待他人。

而我所主张的白金规则：

以他人想要的方式对待他人。

对待红色、黄色、绿色和蓝色的一些提示

以下是对待红色、黄色、绿色和蓝色人群的一些具体建议，这些将有助你改变观点。

当你和红色类型的人交谈的时候

建立联系：

- 直接且可靠的态度。
- 不要说得太多或者犹豫不决。

一般情况下：

- 专注于事实，而不是感受。

提出询问：

- 注意不耐烦的迹象。
- 配合交谈对象的节奏。

如有异议：

- 遇到阻力，仔细询问。

表达方式：

- 准备充分，以事实为导向。

后续动作：

- 展示成功概率高的可能。

实现承诺：

- 明确展示备选方案。

结论：

- 检查是否反对意见都被清除，并明确优点所在。
- 让你的交谈对象自己再次列举出优势。
- 给对方一种是他自己找到解决方案的感觉。
- 期待对方给出明确的“是”或者“否”。

当你和黄色类型的人交谈的时候

建立联系：

- 保持良好交际，哪怕很难。
- 围绕交谈对象自身来聊。

一般情况下：

- 表现出对他的兴趣。

提出询问：

- 不要过于详细。

如有异议：

- 提出问题，让你的交谈对象能够参与进来。

表达方式：

- 专注于未来的利益。
- 讲故事。

后续动作：

- 要清楚而直接。
- 保持前瞻性。

实现承诺：

- 提供奖励和特殊安排。

结论：

- 确保没有进一步的异议或者含糊不清。
- 再次总结自己能够提供的利益。
- 寻找一个共同的方法。
- 期待对方回答一个明确的“是”，或者对方能够给出进一步阻力。

当你和**蓝色**类型的人交谈的时候

建立联系：

- 慢一些，不要太直接。
- 越正式越好。

一般情况下：

- 做好充分准备。

提出询问：

- 有没有当前的事实、证明？
- 可能会提供更多的文件。

如有异议：

- 积极地提问并处理问题。

表达方式：

- 可以证明自己的看法。
- 展示良好的产品知识。

后续动作：

- 不要忽略细节。
- 事实、表格和价格。

实现承诺：

- 展示符合逻辑的备选方案。

结论：

- 明确这位蓝色的伙伴是否对细节感到满意。
- 总结利益论点并邀请交谈对象来分析其中利弊。
- 一起制订计划和协议，确定责任范围。
- “是”或“否”取决于条件或者逻辑。

当你和**绿色**类型的人交谈的时候

建立联系：

- 仔细交谈。
- 保持开放态度。

一般情况下：

- 放缓节奏。
- 表现真情实感。

提出询问：

- 表示出个人兴趣。
- 询问意见。
- 良好的倾听。

如有异议：

- 不要催促，仔细询问以确定问题所在。

表达方式：

- 寻求反馈。
- 展示优势。

后续动作：

- 以个人身份跟进（电话）。
- 强调安全性、可靠性。

实现承诺：

- 为人们带来好处。
- 礼貌和友好。

结论：

- 检查是否已经清除所有的异议，并保持良好的人际关系。
- 总结优势——重点关注对方支持的价值观。
- 共同合作商议内容。
- 期待有质量的“是”或者进一步的异议。

自我反省：你的“典型行为”是什么

现在是时候改变观点并专注自身了。你现在有机会，在接下来的几页中，对行为偏好进行简短的自我评估。这当然没有像基于 Insights Discovery、DISC 或 MBTI 那样详细、科学、合理的类型学分析的价值。但是，它应该可以让你了解自身的行为偏好类型。

第一部分

从以下属性中，勾选出所有适用于描述你的属性。

1	善于分析	❑	2	能说会道	❑	3	擅长鼓励他人	❑
4	果断	❑	5	持续	❑	6	坦率	❑
7	细心	❑	8	支配性	❑	9	有条理	❑
10	擅长交际	❑	11	稳定	❑	12	意志坚强	❑
13	多疑	❑	14	慌张	❑	15	拖延	❑
16	不容忍他人	❑	17	吹毛求疵	❑	18	头脑发热	❑
19	优柔寡断	❑	20	狂妄	❑	21	自制力	❑
22	有活力	❑	23	有同情心	❑	24	有目标感	❑
25	考虑周全	❑	26	热情	❑	27	忠诚	❑
28	索取	❑	29	没风度	❑	30	轻率	❑
31	愤恨	❑	32	不讲情面	❑	33	轻微抱怨	❑
34	挥霍	❑	35	低调	❑	36	毫无顾忌	❑

图 20 自我评估（第一部分）

第二部分

哪些陈述适合你？勾选出所有适合你的内容。

1	从经验中学习，不想再次受到同样的伤害	❑
2	有责任心，有条不紊，喜欢处理数字和流程	❑

3	喜欢通过方法带来改变	❑
4	善于交际，容易结交他人	❑
5	信任他人，也能被他人信任	❑
6	在背后默默支持一件事	❑
7	是一个现实的、适应性强的、务实的问题解决者	❑
8	人们背后都说我是迷人和令人信服的	❑
9	谦虚，耐心，放松，没有威胁	❑
10	纪律严明且非常精确	❑
11	做事高效并愿意承担责任	❑
12	想象力和活力都很充沛	❑
13	忠诚，富有同情心，愿为他人付出	❑
14	根据明确的标准解决任务	❑
15	在与他人的竞争中想要不惜一切赢得胜利	❑
16	经常是灵感和乐趣的源泉	❑
17	具有强烈的个人信仰和价值观	❑
18	建立在合理看法的基础上	❑
19	有强烈的自我意识	❑
20	寻求任务和关系中的多样化	❑

图 21　自我评估（第二部分）

第三部分

下面是十二个表格，每个表格又被分为 4 x 4 的小格子。你可以在每个表格的右侧找到对应的特征。请你在每个表格中灰色的框里填入 1 至 4 之间的数字，填入方法如下所述：

- “4” 代表最符合你的特征。
- “3” 代表比较能符合你的描述。
- 以此类推。

每个表格中的灰色框都是以不同方式排列的。请只在灰色框里填入数字。待你填写完毕后，请从上至下逐列求出一个总和。请参考下面的例子：

	3			迷人
		1		乐于助人
			4	矜持
2				喜欢竞争

				迷人
				乐于助人
				矜持
				喜欢竞争

				喜欢讨论
				有说服力
				沉着
				井然有序

				控制欲
				事实为导向
				可靠
				满足

				无情
				不可战胜
				合作
				活泼

				乐观
				支持他人
				有精力
				有组织

				知足
				分析
				流行
				勇敢

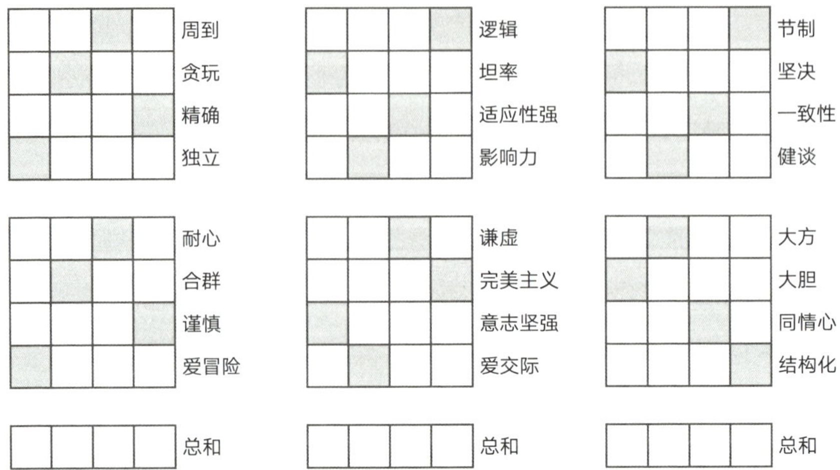

图 22 自我评估（第三部分）

解析

第一部分结果

请查看自我评估的第一部分（图 20）。对应问题前的数字，在表格中进行勾选。统计每种颜色中标记的数量，相加得出一个结果（最大结果为 9）。

蓝色		黄色		绿色		红色	
01		02		03		04	
05		06		07		08	
09		10		11		12	
13		14		15		16	
17		18		19		20	
21		22		23		24	
25		26		27		28	
29		30		31		32	
33		34		35		36	
总和		总和		总和		总和	

第二部分结果

现在进行自我评估的第二部分（图 21），将你勾选出的答案对应数字填入下面的表格中，并计算出每种颜色的总和（最大结果为 5）。

绿色		黄色		蓝色		红色	
01		02		03		04	
05		06		07		08	
09		10		11		12	
13		14		15		16	
17		18		19		20	
总和		总和		总和		总和	

第三部分结果

现在请将三个“总和”相加，并将得出的结果填入下面的表格：

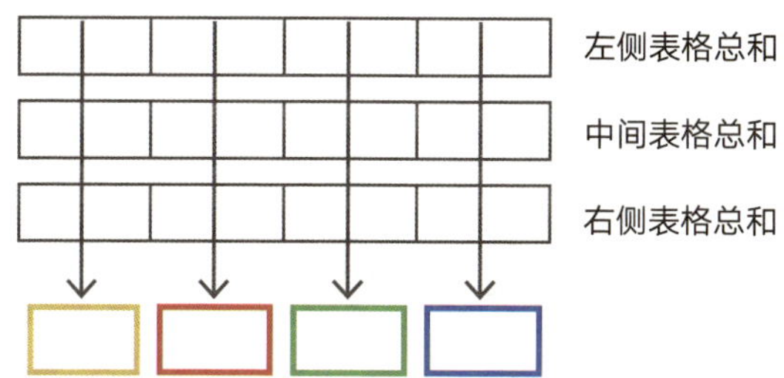

三个部分结果的汇总：

现在将各个部分得出的数值填入下面的表格：

第一部分：

蓝色 总和		黄色 总和		绿色 总和		红色 总和	

第二部分：

绿色总和		蓝色总和		红色总和		黄色总和	

第三部分：

红色总和		黄色总和		绿色总和		蓝色总和	

现在，请将三个部分每种颜色的数值相加，得出最终的总和：

第一至第三部分：

红色总和		黄色总和		绿色总和		蓝色总和	

根据这个表格中的结果，在下面的图表中为每种颜色绘制一个由下至上的柱状图。请不要将不同的颜色混淆。每种颜色的数值越高，图形就越长。拥有最长图形的颜色就是表现最强的行为方式。

红色	黄色	绿色	蓝色	数值
				30
				25
				20
				15
				10
				5
				0

自我评估的结果

现在，你得到了这四种类型的一个粗略标准。重新认识自己了吗？

粗略标准

“红色”一览

- 表现出坚定和主导的态度，但不意味着不友好。
- 设定主题，控制对话，追求结果。
- 急脾气，以快速、往往是不耐烦的速度前进，寻求实际。
- 容易对事物抱有怀疑、否定的态度，缺乏敬意。
- 对他人的感觉、态度和建议的容忍度低。

“黄色”一览

- 自发采取行动并通过直觉做出决定。
- 亲力亲为，有时会显得有些夸张和戏剧化，喜欢发言。
- 善于交际，友善，宽容，更多情感投入。
- 思维敏捷，善于从一个话题跳到另一个话题，容易忘记时间。
- 态度乐观。

“绿色”一览

- 行动和决定都很犹豫。
- 不喜欢冲突，避免有争议的问题。
- 接受他人，保持尊重和友好。
- 内向但不拘小节，喜欢对别人使用比较亲近的称呼。
- 容易表达个人感受。

“蓝色”一览

- 行事认真、谨慎。
- 非常执着，反复询问。
- 稳重而小心的节奏。
- 避免长时间的眼神交流。
- 偏爱简洁的组织、结构和秩序。

企业中的行为偏好

成功的关键因素

以下来自公司层面的**例子**，很好地展示了关于行为偏好的了解对业务成功的影响程度。

我曾与一家拥有 190 人销售团队的大型饮料制造和供应商进行过合作。所有人都参加了为期一天的类型学入门研讨会。通过大量且丰富的互动、练习和活动，参与者在我的帮助下都能开始识别和“服务”不同类型的行为。

每位参与者不仅收到了关于自己的行为偏好分析，还得到了评估客户的可能，以便于针对每个客户量身定制一套销售策略。这次活动取得了圆满的成功。在接下来的六个月里，销售人员设法将销售额提高了五个百分点。此外，还产生了其他的积极效果：由于他们获得了新的类型学技能，员工们现在在面对同事时也更加敏感和明确。团队之间的沟通也更加有效，也同样更多地会考虑到个性的多样性。

销售额攀升，收入增加，总体的满意度都在提高。通过让公司了解员工、客户和同事之间的不同行为偏好，使得所有相关人员都收获了五星级的结果。

实用技巧：如何影响行为

对环境进行分析

在这几页中，你学会了处理四种基本的行为偏好，这已经对你未来的行为产生了影响——尽管这些影响往往是在潜意识中。首先，你会对周围的环境进行有意或无意的分类和解析。这是件好事。但也请注意，不要开始将其他人及其行为方式视为不可改变。行为偏好不是一成不变的，只要愿意，所有人都可以有不同的行为。

在我们做某件事的时候，会有一种偏好的方式，这种偏好方式是我们所熟悉的。我们对它很了解，或多或少地都因为它得到过良好的体验。特别是在压力较大的情况下，我们会尽快回到自己行为上的舒适区。我并不是说我们所有的习惯性行为都是错误或者不恰当的，恰恰相反，我只是希望你能够意识到自己的行为是否恰当，什么时候这样的行为可以产生预期的结果，什么时候不能。

尽管有本能和无意识：行为是可控的

可以说，我们做很多事情都是无意识的、本能的。往往只要隔上一两天，观察的角度稍有改变，我们就会对同一主题或情况有不同的看法。有时候，回想起来，我们希望自己表现得有所不同，通常这是我们能得到的最好的见解。而眼下重要的是，我们在将来类似的情况下应该如何行动：因为不能改变，就一如既往？又或者对目标加以更多的关注和反思？

其实，决定权始终在我们的手中，每当面对这样的时刻，我总是要问自己：

■ 我所追求和期待的五星级结果是什么？

■ 人际关系对我来说有多重要？

接下来我尝试站在他人的立场来看待问题。如果我从这个立场得到了疑问或者使我对世界的认知变得模糊不清，那我将有机会向他人询问，而不是自己去尝试解释这个问题。我可以在认知上影响自己的行为——如果我想的话。

例如：就在最近，在这方面我再次受到考验。一位与我非常亲近的人以我非常抵触的方式发表了他的观点。这使我感到完全被误解、指责和伤害。

受我的动机结构（表现为权力、报复/攻击和社交动机）影响，会产生“不能让这样的事情发生”的观点和“我要告诉你”的红色行为偏好，我现在完全是在“防御”的状态下。不过我没有去攻击：尽管这对我来说很困难，但我故意选择了不同的行为。我改变了角度，刻意从对方的角度去观察，并认识到：不合适的行为无助于理想的结果。我没有“回击”，而是明确地表示自己会接受批评并且反思，从而得到了一些必要的时间。我清楚地意识到，当下的友谊失去了基础、信任和谅解。如果不想让它受到更多的损害，就需要一个新的开始。

人际关系对你有多重要？

我们经营着很多人际关系，因为我们相信，自己必须拥有这些关系。但这些是由谁来决定的？社会？环境？其实，只有我们自己才能做出这些决定。

我们必须扪心自问，这个社交关系对我们有多重要，又有哪些行为对其有效。尽管这个过程在当时很痛苦，但现在的成果就是一个五星级的结果。

如果行为就这样发生

行为方式往往是非常牢固的（类似于之前提到的观点），因此不易改变（但不代表无法改变）。在我们的行为被触发的情况下这点变得尤其明显——这都源自无意识和本能。以下生活中的**事例**说明了这一点。

想象一下，现在是周五的傍晚。即将过去的一周并不舒心。无论工作还是个人层面都不顺利，这使你有一些紧张。由于周末的行程都被安排满了，你必须现在去超市采购。

实际上，你根本不想在周五下午来超市，这个时间点往往非常拥挤，购物压力很大。但眼下没有其他的选择。于是，你来到了常去的那家超市，随手拉过一辆购物车，目的明确地在走廊中穿行。过一会儿，你选好了所有要采购的东西，来到收银台准备结账。

远远望去，所有的收银台前都排着长队，这无法使你的情绪好起来。你选择了一条相对人少一些的队伍，望着收银员机械式的工作和正在结账的人不慌不忙地把商品装入购物袋，你意识到烦躁的情绪是如何一直在脑中徘徊的。你突然想道：“这些退休的大爷大妈就真的必须在这个时间段来购物吗？他们明明有一整天的时间。”接着你又把注意力放在了收银员身上，发现他在扫描价格的时候要比其他收银员花费更多的时间。你的想法是：“好吧，我排错了队伍。”又或者：“他是新来的还是压根就不想好好干？”当那些消极的想法在脑中野蛮生长的时候，突然，后面一辆购物车的轮子猛地撞到了你的后脚跟。

现在我的问题是：这时候你会有怎样的行为？说实话，你肯定不会以平和或者相互理解的方式做出反应。你身后的那个人要么得到一个白眼，要么会听到一些抱怨，因为你充满了负面情绪，你的行为将会更加直观、冲动和轻率。

不要让别人惹怒自己

行为偏好在压力和日常情况下尤其明显，因为我们没有时间考虑预期的结果。我们每天会遇到许多人，他们与我们之间没有任何密切的关系，这就是为什么我们不会和他们打交道。这是很正常的事情，然而，即使在这种情况下，我们仍旧有机会提高自己对行为感知和影响的认识。

就像超市中这个例子，我们可以简单假设后面的人没有注意到他们把购物车推得太快。也许他们因为孩子分心了，又或者正在打电话。

成为自己行为的主人

各种情况都会挑战行为方式，无论有意识还是无意识的。哪怕是在普通的日常情况下，我们越了解自己的行为及其结果，就越能更好地控制它们并避免由此产生的不良情绪。因此：深呼吸，默数二十个数，注意自己所处的情况，并问自己以下问题：

- 我想获得哪些最佳结果？
- 在当前情况下，让自己因为他人的行为而引起情感波动是否值得？
- 通过什么行为可以达到我的期望目标？

通过这种认识，你将能够更好地应对他人的问题。因为哪怕你再怎么不开心，队伍也不会变短，老人们也不会变得动作敏捷。

结论：不要让别人的行为引起你的负面情绪，而是要让自己意识到你想要得到的结果。我知道这说起来很容易。我们的情绪和大脑在严密地控制着我们，在上述情况下，抛开情绪而以结果为导向将会是很困难的一件事。但定期训练和反复重复可以使其变得自动化——最终能够影响你的观点。因此，我们又回到了五星级原则的因果关系上来，从各个方面都可以看出，这是有意义的。

第五颗星

我们的五星级结果

五星级结果由什么构成

你已经知道：无论背后有什么需求，无论如何思考和采取行动，这一切都会有一个结果。关键是，我们得到的结果可以在中长期满足我们的需求。

五星级代表品质与成功

我们不是都在寻找五星级的结果吗？我们不是都想要五星级的产品、五星级的服务、五星级的社交关系吗？是的，我们想要！五星级的结果是值得追求的，因为它会给我们带来非常好的感觉。一个五星级结果的存在，代表着品质和个人成功。

例如：我们都知道酒店的星级评定。酒店只有在符合标准时才能获得星级评价。根据功能和服务，星级介于一到五之间。比如要获得五星级，酒店必须保证以下内容（摘录）：

- 全职接待人员，多语种接待人员。
- 礼宾服务，酒店侍从。
- 大堂设有座位和酒水服务。
- 客房服务包含房间内的迷你水吧和二十四小时餐饮。
- 房间内有网络端口。
- 房间内有保险箱。
- 熨烫服务（一小时以内）、擦鞋服务。

什么时候达到五星级？

像这样的要求还有很多。我们用什么标准来衡量一个结果是否达到五星级呢？也许拥有一份可以勾选的清单（如购物清单那样）就不会那么为难。但远非如此。每个人都有不同的需求，这都要通过五星级的结果来满足。但即便如此，某一个结果也不一定能够满足“五星”这个称号。这更有可能是构成五星级结果的需求、观点和行为之间的相互作用。

只有那些发自内心、足够专注的人才能取得五星级的结果，并且，在某些情况下，还要经历艰难困苦和诸多障碍后才能做到。在很多时候，我们会与其他人一起合作取得理想的结果。如果其他人参与了我们所期望的过程，对一些人来说可能是一个五星级的结果，而对另一些人则不尽然。

结论：五星级的结果可以使你感到骄傲、满意和幸福。它鼓励我们努力去争取更多的五星级结果，并发出挑战，要求我们反思，在必要时调整自身的需求、观点和行为，期望能够使所有相关人员都同样得到五星级结果。个人的五星级结果总是与情境、社交关系和目标相关。如果需求在中长期可以得到满足，观点可以被证实，且激发了达到预期反响的行为，那么我们就可以说，这个结果是五星级的。

为什么一切都会导致结果

结果也可以称为后果。我们可以决定自己的观点和行为方式，但不会直接影响到由其产生的后果。一个人可能在自己的思想和行动中拥有最好的意图，但结果却不一定是其渴望的。特别是在与他人互动时，结果总是无法触发预期的响应。

不需要的结果

仔细观察就会发现，日常生活中充满了我们不想要的结果。让我从专业的角度举一个例子。作为商务教练，我会陪伴人们很长时间，以帮助他们处理自己无法轻松应对的变化。每当在开始讨论这个主题之前，我都会解释五星原则，并尝试了解受训者的需求、观点和行为。在第一次训练会议结束时，我会让他描述期望的结果：在整个培训结束时，他想要什么？由于进行了各种性格分析，我们可以快速、可靠地了解基本需求和行为偏好。

但是，观点、信念或范式呢？目前还没有合适的分析工具。于是我向受训者提出问题，让他们谈论自己的观点，解释自己是如何看待这个世界的。托比亚斯就是这样的一位受训者。

这位大型制造公司的产品经理相当不受欢迎。他不尊重公司的等级结构，并总是试图尽可能地绕过规则。他还认为，现在应该是他被提拔到更高级别的时候了，可以担任人力资源的负责人。带着这种野心，他想方设法逐级攀升，最终进入了人力资源部。他所经手的很多事务，最终变成了一堆烂摊子。

他的举止似乎比单纯的自负和急功近利更加傲慢。更糟糕的是，决策者们虽然对他的潜力评价还是正面的，但并不认为他的表现足够好。他还非常热衷于八卦消息，特别是关于“高层人士”的负面新闻。我从人力资源部得到了这些信息，也在托比亚斯的直属上司那里得到了印证。到目前为止，没有人真的有兴趣与托比亚斯打交道。他不再被信任，也失去了良好的表现机会。无论如何，他现在都不可能被列入晋升的名单当中。尽管，托比亚斯的才干和能力还是被认可的。

以改变行为为目的的培训

因为听说培训课程承诺可以让行为方式显著改变，于是托比亚斯找到我。他今年 38 岁，已婚，刚刚买了房子。他在这家公司已经工作了几年。我认为他思想开放、有好奇心、勇敢、有朝气和雄心勃勃，但同时也必须承认，他傲慢、毒舌和非常自负。

从一开始，托比亚斯就对培训表现得很积极。在第一次交流中，我详细了解了他日常工作的模样，每天都与谁打交道，以及哪些方面需要做出改变。在托比亚斯看来，他做对了所有的事，只是上司不喜欢他，没有把他安排在合适的位置，以至于他的才能无法发挥出来。而且，上司经常将他置于尴尬的境地，所以公司管理层对他的印象也不怎么好。托比亚斯滔滔不绝地说着，列举了许多实例，试图说明大多数上司所表现出的无能。

他认为公司高管们之所以坐到高位，是因为他们在正确的时间出现在了正确的地方。换句话说，他认为大多数管理层并不称职。这就是我所说的“信念”！虽然他没有大声说出来，但他身体的每一个毛孔都在散发着这样的想法。

接着，我询问了他对他自己工作成果的评估。他坦言，这方面的情况要稍好一些，但部门同事大都和他不在一个频道上，所以总而言之，他的业绩不如过去好。

反思训练

很快，一个小时过去了。现在轮到我了。我必须尝试着把别人对他的印象反馈给他，而且比他意识到的更尖锐、更鲜明、更清晰。面对他讲述的那些广泛的、非常明确的和分析性的总结，我非常直接地告诉他，如果我是他的上司，也不希望他加入我的团队。随后，我建议他另寻一家公司，在那里，他可能会遇到更有能力的主管和决策者。在新公司他可以从零开始，而不会受到不公正的待遇。无论如何，这都很有道理，按他的意思，在他工作了这么多年的公司里，似乎每个人都毫无能力。

我说话的时候非常冷静和客观，一直在坚持他所描述的事实，没有表现出任何情绪，态度也比较坚决。突然，他沉默了——沉默了像一个世纪那么久。他没有看我，只是默默地盯着地板，似乎想说些什么，又不知道该如何组织语言。最终，他提出了一个问题：“伊恩女士，你是认真的吗？”“是的。”我面无表情地回答。

我在培训生涯中学习过用不同的语言引导的方法，了解训练与评价中间那细微的区别。所以我确信，托比亚斯必须先被“震撼”到，才能打开局面。他很快提出了第二个问题：“你为什么不希望我加入你的团队呢？你还完全无法判断我是否够好。”“不一定，”我说，“我可以做出一个评价。在我的团队中，要是有一个不尊重他人、无视等级制度，自视甚高，又无法做出优秀表现的员工，这会毒害工作环境并妨碍团队合作。这样的员工每天都会消耗我太多精力。”

我深吸一口气，继续说：“我只是粗略看了下你曾经的所作所为。现在请给我一个理由，说明作为你的老板，为什么我应该留住你。”一阵沉默过后，托比亚斯说：“是的，你可能是对的。我可能有些过分了——那现在该怎么办？”这说明托比亚开始“转念”了。

站在别人的角度

托比亚斯花了两三次培训课的时间才意识到，别人只把他看作是一个傲慢自大的麻烦制造者。接下来，我们按照五星原则逐步深入，发现他具有明显的权力和报复 / 攻击动机，以及低欲望的荣誉动机，这些主导了他的观点和行为方式上的认识。

于是，我们进一步对他的观点进行质疑，特别是关于针对个别同事、上级以及公司的看法。我向他展示了其他人观点的可能性，托比亚斯现在开始学着从他人的角度去看待问题。他已经开始意识到自己行为上的错误。我给他留作业，让他远离任何八卦消息，现阶段他的挑战就是实现这个目标，让自己远离是非之地。

在之后的培训课程中，他自豪地告诉我，他已经停止与其他同事谈论公司的决策有哪些错误，而是转过身对他们说：“伙计，我得坚持。”他开始把他的上司加到所有公司邮件的转发列表当中，积极提出建议和解决方案，使用更尊重的语言，并严格追求他的目标。他逐渐成为公司中那些享有良好声誉、拥有专业见解的同事中的一员。

他列举出期望的结果，这些结果与预定的工作目标密切相关。他每天都在思考这些事，并在有明显进展的部分做了标记。整个过程持续了半年。如果托比亚斯没有认真研究自己的观点，那么他就有可能会失败。他需要支持，才能从不同的角度看待问题。同时，他的个人生活也进入一个新的阶段，他的房子如期交付了，现在他在考虑是不是应该要个宝宝。

无论与上级还是与自己的关系，托比亚斯都取得了更好的结果，从那时起，他就有意识地尝试定期转变视角，以免错过有利于“转念”的机会。他喜欢这崭新的五星级结果，这反过来也激励他去做得更好。

其他人的目标

在人际关系中，重要的是相关人员对预期的结果有相似的想法。如果对于“五星级结果”的定义差异太大，则可能会发生冲突，如下面的**例子**：

一个人驾车插入正在排队的队伍当中，因为他现在想要冲进早餐店里买一份早餐。他已经起床晚了，只想准时上班。而在他身后数以百计的司机们疯狂地吹口哨、打手势和咒骂，他们当然不希望这种情况发生。“真是个自私鬼！”一个人喊道。“那个白痴以为他是谁！”另一个人愤怒地说。“这真是太过分了！”又一个司机吼道。

我想问你：此人插队是不是有意阻碍或惹恼了其他人？不，他的目的是尽快取得早餐，然后准时上班。他的行为只对自己有利，但没有理会其他人的意见。他拿到了早餐，并及时到达办公室。但对于其他人来说，他们没有看到那个人的匆忙，只看到他不尊重别人的需求和利益的一面。

一个人的快乐，另一个人的痛苦

你经历过多少次，一个结果对你来说是正面的，而对别人却是负面的？我相信，你根本不希望你的行为导致这样的结果，但这种事可能不止一次发生在我们的身上。

有人说些好听的话，你就喜笑颜开，而另一个人听到这些恭维的话却问：“你在嘲笑我吗？”或者你在电子邮件的末尾放了一个微笑的表情，收件人却会以你这封邮件的内容并不严肃的方式来解读它。你周末来超市采购，想起昨晚看到朋友家的冰箱很空，你主动给她打电话，问她是否需要带些东西。但朋友只是对你大吼道：“我现在没精力想这些，我压力很大！”

良好的意愿并不能保证好的结果

在这些例子中，人们都有良好的意图，但是相应的行为并未产生良好的结果。当然，这些都微不足道，你现在可以声称，当涉及真正重要的事情时，人们就会更加专注，并且行为会更加自觉。但遗憾的是，人们往往对自己的需求、观点和行为方式如此坚定，以至于忽略了给别人带来的结果。

很多时候，人们都是处于一种“随大流”的状态，以至于没有注意到自己的行为会导致意想不到的结果，并最终引起误解、争吵和伤害。随着对自己和他人的结果有了更多的了解，并反思这一切是如何发生的，人们就有机会采取不同的看法，有意识地改变行为，并在下一次取得好的结果。

再讲一个有些荒谬的例子，这个例子再一次令人印象深刻地展示了不同的观点和行为方式对结果的影响有多么强烈。

几个朋友聚在其中一个人的家里准备玩扑克。但在开始之前，主人就受伤了：他弯腰捡东西的时候，一株绿植的叶子戳到了他的眼睛。起初他只是说“伙计，这真倒霉”，没有在意些许的不适，“没什么事，一会儿就好了。”他向朋友们保证。在开始的几轮中，他一边打牌，一边反复揉搓流泪的眼睛，直到这一回合他不得不停下来说："我要去躺一会，让眼睛放松一下。你们继续玩吧。"

他躺在床上闭着眼睛，期待情况会好转。但好像更糟糕了。不仅仅是因为隔壁房间的朋友们在出牌时大呼小叫，更是因为眼睛的痛感越来越难以忍受。

但没有任何一个人来关心他，因为他给出了"一切顺利"的信号。

当误解产生

大约两个小时后，他试图给前妻打电话，但通话只是转到了语音留言信箱。他讲述了自己的意外，并希望她能够接走还在隔壁房间睡觉的女儿。由于眼睛受伤，他可能要去医院。让他失望的是没能直接和她通话，于是他关闭手机，再次躺回床上休息。然而，他那没能成功联系上的前妻听到留言后非常紧张、担心，于是直接开车去了医院。但是她在那里根本找不到他——毕竟，他还在家里的床上，艰难地睡着了。因此，前妻打电话给前夫现在的女朋友，询问发生了什么事。女朋友表示对此一无所知，于是她只能赶忙开车向他家赶去。三十分钟后，当她来到公寓时惊讶地发现，那几个好哥们儿仍在那里玩着扑克。

当听到这个故事时，我几乎是脱口而出：这些朋友怎么会这么无知？只知道打扑克，就好像什么都没发生一样，而受伤的主人正痛苦地躺在隔壁，一点关心和同情都没有！我问当事人，他对自己伙伴的行为是否感到失望，他回答："为什么？是我对他们说'你们继续玩吧'，换作我也会做同样的事情。"

不同的观点，不同的行为

"可结果是什么？"他的女朋友突然轻声说，"我真的很担心，不得不在半夜把你送进医院，而你的朋友们却继续开心地打着扑克！”我愿意把两者之间接下来的对话留给你们自己去想象。我想用这个故事说明的是：人们有不同的需求，以不同的观点看待事物，这些最终会产生不同的行为。

现在我问你：谁的想法是对的，又或者谁的做法是错的？究竟谁对谁错？

对于这些朋友来说，事情很清楚：只要主人不站出来要求他们做点什么，一切就都没有问题。但不是每个人都会这样看；对有些人来说，这种行为则是完全不能接受的。关于这点或许可以无休止地讨论下去。而事实是，不同的动机、观点和行为并没有产生良好的结果。

怎样才能取得更好的结果

如何改善这种情况？让我们换个角度，将相同的情况放到一个全是女性的公寓里。一位女士的眼睛被绿植刺伤了，你认为现在会发生什么？没错！第一位女士会立刻帮她检查眼睛。第二位会从药箱中取出冰袋、眼药膏和止痛药。第三位会给熟识的眼科医生打电话寻求有效的远程医疗帮助。第四位会给医院的急诊科打电话，告诉医生她的朋友马上就到。第五位则会去拦一辆出租车，其余的女士们则会轮流照看在隔壁房间睡觉的孩子。

也许改变一起打扑克的伙伴的观点会产生更好的结果。

- 他们会仔细观察，发现受伤伙伴的行为相当有问题。
- 他们本来可以更多地照顾受伤者。
- 其中一位好友可以马上给医院打电话，并通知主人的前妻和女朋友。
- 一部分人与受伤的主人一起乘车去医院，而其余的人则在家里照顾孩子。

同样，改变受伤者的观点也会改善结果。如果一开始就把对自己非常关心的两个女人放在心上，他就不会关掉手机，前妻和女朋友可以联系到他的话，也不会那么紧张。

期望必须符合预期

这个日常的例子再一次带给我很多认识：意图可能是好的——但如果期望值与情况不符，那么好的意图也不会导致五星级的结果。所以，如果我们设法理解甚至服务于他人的动机、观点和行为，我们将能够避免许多人际冲突。

当其他人能够影响我们的结果时，明确对结果的期望度很重要：表达清楚你自己的意图。由此，你不能为假设和解释留有太多的空间。柯维在他《高效能人士的七个习惯》一书中所讲的第五种方法对此进行了描述，我认为这是一个非常恰当的说法：“先要理解，然后被理解。”他谈到，当我们与人交谈时，往往提出某个问题，听到的都是所谓“自传”一般的答案。我们提供建议、探讨、提出问题、提出忠告，并为问题提供解决方案——这些完全是以我们自己为参考框架，根据自身的经历组织的。在解释方面，每个人都是世界冠军，会根据自己的经验去解释他人的动机和行为。因此，我们更应该尝试去了解别人。

其他人的期望也会影响结果

在很多情况中，我们很少担心自己所追求的结果是否能够符合别人的期望。如果我们从一开始就明确定义了自身和其他人的五星级结果，那么我们也就可以更轻松地确定它是否已经实现。

假如说，你想要赞赏你的员工，他完成的工作使你非常满意，这是一个善意的表达。接下来，你必须考虑哪种奖励恰好反映了这种认可。在我担任酒店经理时就有这样一个例子：我有一个尽职尽责的前台，她在酒店及其团队的工作时间远远超出了正常范围。我想奖励她这份责任心，并希望让她参加一个特殊的再培训。当然，她很感谢这份表彰。但如果我能够改变看法，站在她的角度去了解一下，那么我对她的成就就可以给出更好的认可：她可以把时间放在陪伴丈夫或者满足跳舞的爱好上，只需要给她两天假期，就会满足她的需求，让她更加满意。终归，是由接收者来决定对他的奖励是否能达到五星级的结果。

关系账户：支取的分量更重

柯维喜欢用在银行账户中存、取款来做比喻。如果没有足够的信用值，就很难取出钱来。无所谓哪个层级，为了培养人际关系，我们都要存入一些：做那些对他人是好的，或者是能让他人开心的事。但是，我们有时也会在不知不觉中从这种关系账户中支取一些：忘记对方，不联络对方，误解或错误地表达某种情绪。遗憾的是，一次支取的分量往往比很多次存入的分量还要大。如果取出的数额大过了当初存入的，那么账户就会变成赤字。可惜，社交关系的账户里没有可以用来透支的信用额度。在这个账户中的决定因素是你要使用正确的货币。尤其重要的是，要将对对方来说有价值的货币支付到他的账户中。换句话讲，如果他想要人民币，你就不能给美元。

事先在此关系中定义所期望的结果，然后再确定用哪种货币才是正确的。

结论：你可以按照你的想法来随意搭配：有意或无意地，行动或不行动——所有这些都会产生某一结果。如果没有明确的预期结果和期望值，那么结果就会随机生成：预期的结果能否实现？要么，你收到头奖一份；要么，“砰”一声，一地鸡毛。

因此，在日常生活和与人的沟通中，应该是：问多于说。一旦你了解了对方需要什么，不仅你的意图将会是正确的，而且由此产生的结果对双方也都是积极的。

获得五星级结果的方法是什么

首先做一个总结分析

我假定你也对五星级结果有所期盼。为此你必须做些什么呢？建议你先总结分析一下。以下问题可以帮到你，请尽可能以书面形式作答：

- 你想争取到什么样的结果？详细地描述它。
- 哪些人参与其中并且/或者被动受到影响？
- 在类似情况下，是否产生过任何令人不满意的结果？
- 到目前为止，是什么阻碍了你取得更好的结果？
- 要达到预期的结果需要付出多少努力？
- 需要哪些资源（时间、金钱、人力等）？
- 你的哪些动机对其是有益的？
- 哪些动机会增加阻碍？
- 哪些新观点将有助于实现结果？

- 到目前为止，有哪些观点在阻碍获得理想的结果？
- 哪些行为对此是有益的？
- 哪些习惯性行为更容易成为障碍？

让我讲一个自己的**例子**：写这本书的想法其实已经存在很多年了。我想将五星原则——这个以个性发展为主题的工作核心进行详细介绍。我认为有必要解释下动机、观点、大脑、行为和结果的因果关系是如何起作用的。但是，我只是在心里有了写书的想法，并没有实际行动。某次研讨会上，我终于下定决心。其中一项练习是关于设定目标和制订计划以实现这些目标。突然，写书的想法又冒出来了。我有了动力，抽出笔和纸，制订个人“写书”的行动计划。想，然后去做。我的行动变得更加具体，富有成效，注重结果。现在你手里捧着的是什么？这不就是我的五星级结果，希望这也能对你的五星级结果有所帮助。

将期待的结果作为动力

对期望结果的明确性帮助我做出相应的行动，抓住了主动权并开始写作。“这本书可以帮助我，将自己定位为改变观点的专家”——将观点聚焦于这个计划上。在我的眼前，浮现出我和客户手中捧着已经完成的书的画面。然后我意识到，通过这本书，可以满足我的内在动力。在一开始我就考虑到自己独特的好奇心和现状动机，终归，这是关于知识的传授，并且最终可以有一本自己写的书捧在手中。

对于这个想法，我感到非常满意。

因此，请非常明确地问自己：什么是你真正想要的，为什么？你是绝对全心全意想要达到五星级结果，还是只因为别人对你有要求才努力？

有针对性地使用动机结构

看一下你对动机结构的自我评估（见图 6），找出哪些动机为你提供了获得期望结果的内在动机，以及可以使你获得多大程度上的满意。然后再翻回到定义了你的生活角色，涉及的关键人物及对其典型行为描述的表格那里（见图 12）。你必须在多大程度上对自己一个或多个生活角色行为的改变，才能获得对目标的支持？

最后，再次查看对你行为偏好的分析。哪些行为会产生障碍，哪些又是有益的？列出你所有的发现。与那些你信任的人谈论这些内容，寻找可以帮助你实现期望结果的“助力”。经常更新此清单，看看你是否处在正确的道路上——这是一个要不断重复的过程。

结论：年龄越大，我们越倾向于回顾和评估自己的生活。我们取得了自己想要的结果吗？这个问题很重要，因为每当我们反思自己的动机、观点和行为时，我们都有机会通过改变观点获得更好的结果。无论工作还是私人生活，无论社交关系还是仅对自己而言。相信我，当你知道为什么想要，为什么不想要时，生活会变得更轻松。

自我反省：什么是你期望的结果

即使你觉得下面的话啰唆，我也要特别用心地重复它们：如果你想要不同的结果，仅仅改变行为是不够的。为了长期取得理想的结果，首先我们必须分析好自己的需求（动机），站在他人的角度，采取不同的观点，以便发展出更加有效的行为。

通常，我们只“坚持”对我们来说真正重要的事情。但是对你来说真正重要的是什么？你才刚刚开始更精确地去定义期望的结果。接下来的问题和练习应该可以使你更深入地了解，究竟是什么造成你目前无法获得五星级结果：

- 为什么结果对我如此重要？
- 我内心的消极面对达到结果所付出的努力有何评价？
- 目前，我生活中的哪些情况更容易形成阻碍（可以支配的资源，如时间、金钱、社交关系）？
- 哪些情况有利（他人的参与，现有知识、经验、专业知识等）？
- 如何减少障碍？
- 我如何使所期望的结果变得可以衡量？

每天提醒自己所期望的结果有助于你对此保持关注，并且可以一直在认知中唤醒它，这意味着每天都要面对它。下面我会提供一些方法来帮助你做到这些。

便利贴、手机，以及其他

把所期望的结果写在一张大纸上，并将其放在你的办公桌上。或者，让你的手机定期大声提醒。如果你觉得不需要这么私密化，还可以请朋友每周给你打一次电话，提醒你想要的五星级结果。唯一重要的一点是，使它总是能出现在你的周围。

学会使用“锚”

这就好像是所谓的“船锚”，可以一次又一次地唤起对期望结果的意识。这样的锚符号能够支持很多观点和行为的改变。重要的是，它仅对你有意义。例如，可以通过将手表戴在另一只手腕上，将便利贴贴在汽车上，或者（如我成功地应用到一位学员身上的那样）将梦想中的汽车模型放在写字台上，以起到锚的作用。这里对想象力没有限制，可以自由发挥。最主要的是，锚点可以帮助你稳固住新的观点或行为方式。

思维导图法

确定所期盼的结果并始终牢记的另一种有效方法是“思维导图法”。东尼·博赞[14]早在1971年就开发了此方法。它有助于直观地表示和构建不同的主题。在这里，联想的原则应确保思想可以自由展开，大脑的创造能力得到充分利用。

所以，思维导图是一种视觉思维图。在一张普通的纸上就可以完成。中间是中心主题——尽可能精确地表述，并且（或者）使用不同颜色的图像。以此为中心，中心主题和主要主题（类似于一本书的章节标题）之间用线来相连。每条线上标注一个关键词。接着是第二、第三以及进一步的思考层级（类似于子章节）。线或主题以及关键词的图形元素使用不同的颜色来表示连接和交叉。例如，相同的层级间（如第一和第二层级间）可以使用相同的颜色，每一条“分支”的线都是以上一级为中心点发散出去的。

---

14. 东尼·博赞，英国心理学家、教育学家，毕业于英属哥伦比亚大学，获心理学、英语语言学、数学和普通科学等学位。他发明的“思维导图”这一简单易学的思维工具风靡全球。——译者注

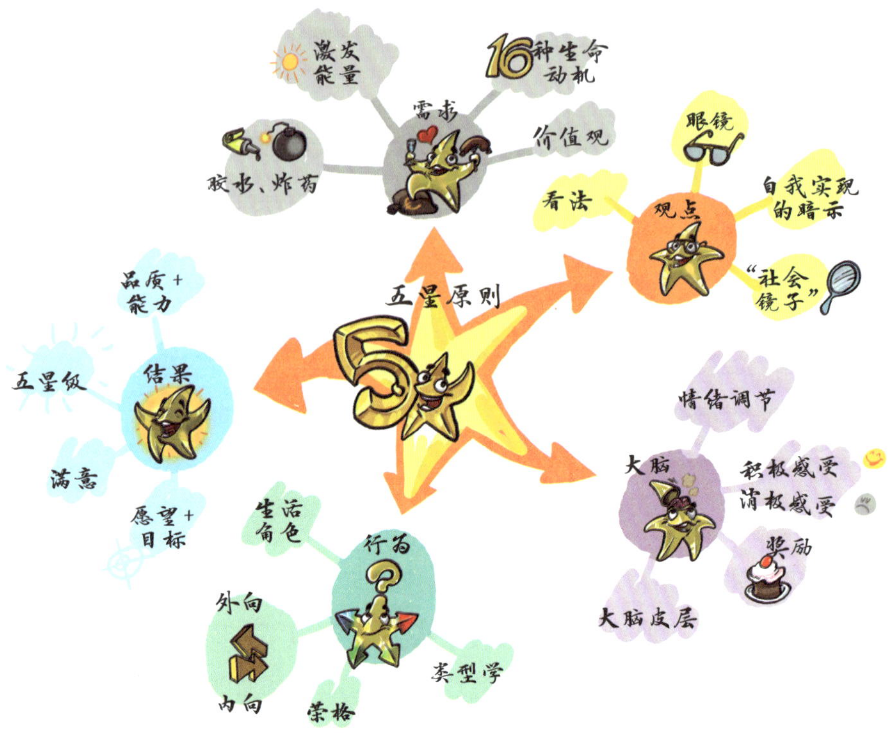

图 23　五星原则的思维导图

现在来创建你的五星思维导图。

- 从纸的中间开始，以图片、符号或文字来表示五星级的结果。
- 每一个想法都可以被记录下来。每个想法使用不同的颜色。
- 在写下第一个想法之后，整理查看之后的每一个想法，为每一个主要想法增加更多的延伸。
- 尽可能多地使用图片、图形、剪报、便利贴等。思维导图中的样式越多，就越有助于大脑思考。

将思维导图挂在墙上以供日常查看。有必要的话，还可以通过新的便利贴或图片等自由发挥的想法来补充它。这应有助于更精确地定义预期的结果，并通过图像在情感上将它们联系起来。这种方法的优点是你不必从上到下地依次写下你的想法（因为这样会耗尽你的纸张和想法），而是可以进行全方位的思考和布局。思维导图由作者决定何时才算完成——理论上每个关键词都可以成为新一张思维导图的中心，因为人脑的联想能力是无限的。

记录“结果日志”

另一种不断提高人们对其期望结果的认识的方法是记录结果日志。它的使用方法和普通的日志一样。每天晚上，你都可以写下对期望结果的想法。例如，你可能会问自己以下问题：

- 我今天做了哪些事可以接近预期的结果？
- 我今天都和谁交谈了，得到了什么反应？
- 我今天遇到了哪些人有助于我达到预期的结果？
- 关于我的主题，我看到了或读到了哪些内容？
- 在取得五星级结果的过程中，我已经达到了哪些阶段性目标？
- 明天，这个星期，这个月，我都要做些什么，可以使我更接近我的结果？

许多人觉得这样有些可笑，但是这种方法可以更好地帮助我们定义和进一步发展预期结果。也许应该给这本日志起一个最吸引人或最能激励自己的名字。

当我们脑中的神经元运行得井井有条时，大脑就会工作得特别好。大脑会通过文字、符号、图像——所有这些与某些情感和个人经历相关联的内容来运作。尝试一下吧！

实用技巧：如何获得所期盼的结果并长期满足你的需求

无论在工作还是私人生活中，我们总是会有所期望——有时是有意识的，有时是无意识的。或者换一种更好的说法，有时候能够表达出来，有时候不能。我们试图满足这些不言自明的期望，希望自己成为生活这辆巴士上享受舒适旅途的乘客，而不是操心的司机。这是为什么呢？因为结果往往并不符合我们的期望和需求。

衡量结果

没有明确定义、可衡量的目标，你将无法达成五星级的结果。你应该听说过这句话："可以衡量的事情就可以完成。"为此，公司使用各种各样的KPI（关键绩效指标）。这些指标可以衡量效率。这是一个不错的方法，但员工往往对此并不理解。为什么呢？因为，一方面，他们没有参与标准的制定；另一方面，他们更愿意将其视为一种障碍。此外，KPI通常被认为是非个人化、冷漠并充满压力的。KPI很少会主动适应员工的动机，因此员工没有"自发的理由"来热情地致力于实现它。

如果能将外在目标与内在动机联系起来，就可以帮助许多公司。员工的内在动机与公司的外在目标匹配得越多，实现目标的动力和可能性就越大。除了动机结构，了解员工的行为偏好也会有所帮助，因为这会为KPI之类的指标提供必要的方向。

例子：我的“好奇心动机”很强，喜欢深入探究事物的本质，我发现几乎所有的事物都很有趣——无论它对我是否有用。作为这本书的一部分，我还希望纳入神经科学方面的研究。当然，并不能因此就说这是本科学类书籍。不过，我想了解一下大脑的运作方式——毕竟，它是五星原则中不可忽视的一部分。所以，我深入研究了有关于神经科学的文献。你知道吗？我学得很开心。因为我对任何形式的知识、背景和关联有着深深的渴求，哪怕在当下我不能百分之百地应用到它们。

如果我是一个好奇心动机很低的人，并要承担同样任务的话，那么现在这本书可能会缺少一个重要部分。

利用对于需求和偏好的认识

你现在应该能够了解，在争取五星级结果的时候，将动机纳入考虑范围是有多么重要。无论作为领导者、生活伴侣还是朋友、同事，你都应该清楚内心的需求以及可以采取哪种行为方式，以获得最佳结果。无论你是否愿意，其中的因果关系始终是有效的。

再举一个例子：我同事的社交动机处于低欲望的状态，这意味着她是一个比较内向、独来独往的人，她的能量是从安静平和状态中获取的。

她在需要集中注意力的情况下，太多喧闹或人际交往会耗费其大量精力。而她在整理消息和创作内容方面是无与伦比的——她拥有极高的文字天赋。她是第一个阅读我原始手稿的人，负责对内容进行修改。为了充分发挥这种天赋，她需要绝对的安静。因此，我给她提供了在家工作的机会——一种有助于她取得卓越成果的环境。

调整限制条件以达到期盼的结果

许多公司仍在排斥居家办公这种方式，因为它有可能带来工作效率下滑和工作时间不确定的不好后果。不过，在作出赞成或反对这种方式的时候，必须考虑工作属性和员工个性。根据我的经验：这种方法是值得的。我考虑了同事的内在动机和行为偏好，并对工作要求进行了调整，并最终获得了五星级的结果。于是，我的书顺利地摆在了你的面前。没有这位同事的支持，这是不可能完成的。

没有她，也许出版商根本不会接受我的手稿，而我则会在“现状和好奇心动机”的影响下，仍梦想着有一天自己能够出版一本关于五星原则的书。因此：调整限制条件以达到期望的结果——虽然不是每次都有效，但我坚信，成功的可能性比我们想象的多很多。

结论：当个人的需求得到考虑，并伴有恰当的观点和行为方式时，五星级的结果也就不难达成。如果我需要在他人的帮助下来达成目标，那么我应该“迎合”这个人的个性，尽力去符合他的行为类型和需求。试试看，不管你是员工、经理还是配偶、父母、子女等，都可以试试看。仔细想想你想要的结果，然后看看是否能优化环境来帮你实现目标。

日常应用：
通过转念来获得成功

实际分析

你如何在工作和私人生活中使用五星原则的知识？在这当中有很多种可能性。看看你的结果，是你想要的吗？如果不是，就可以采用五星原则来寻找其中的错误：

你是否获得了预期的结果

- 动机：取得的结果是否满足你的需求？
- 观点：你以哪种角度看待那些可以影响结果的主题、情况和关系？你的想法和信念是否可以支持所期盼的结果？
- 你的行为符合结果吗？还是说，你屡次陷入不利的行为模式？

花点时间去反省，这当中没有什么捷径。以下是各种工作和私人生活的例子，这些例子可以激发你确定自己人格中的因果关系，并在必要时改变你的观点。

作为领导

你是领导吗？是管理层吗？是企业负责人吗？我对此表示祝贺，同时也有些悲哀。作为领导者，你总是以某种方式管理员工，尤其是在一些大型企业。一方面，你希望这种管理方式适合你的员工，能够激励并带领他们取得最佳绩效。另一方面，你也想通过出色的成就来获得你上司的认同。这样的平衡之术每天都要“轮回”上演。

了解并服务于员工的个性

当然，你处在必须向团队传达公司期望的目标或变革计划的位置。在这种情况下，你并不一定总是能站在管理层一边。他们会选择不同的方向、策略或方法。现在，是时候采取一种积极的信息传达方式了。你应该使用五星原则去理解员工的个性特征，然后服务于他们。关注员工的每一颗星，寻求更好的办法：

需求

- 你的员工有哪些不同的动机、需求和内在冲动？要自己意识到这一点。
- 你需要了解什么才能满足他们的需求？建议你使用评估表格（见图 6）。
- 为了更好地考虑他们的需求，你对工作场所的设计、工作时间、任务分配、职责等会采取哪些影响？
- 你可以采取哪些措施，以更好地适应他们的动机结构呢？

观点

- 有什么是员工们能看到，你却看不到的？

- 哪些经验和经历会对他们的观点有持久的影响?
- 你能为帮助他们改变观点和建立新观点做什么贡献?
- 你对他们有什么看法? 这些看法是否还不完整、模糊或者尚有不足?

行为

- 你的员工有哪些行为偏好，你作为领导如何看待它并相应地发挥其作用?
- 员工能够以哪种形式最好地吸收和处理信息? 他们需要更多细节，还是更广阔的视野?
- 他们是否需要更多的时间和余地来应对相应的变化?
- 他们会想要和你谈很多事情，并觉得自己能够参与其中吗?
- 成功实现转变需要多少空间、支持和控制力?
- 现在他们需要很多认同和鼓励，或者需要特别多的自主空间来适应自己的方向吗?
- 他们现在是否需要与同事进行大量沟通，还是要有更多时间制定自己的战略方针?

你可以使用外部评估为你的员工分配颜色类型（见图17—19），并制订适当的沟通和行动计划。

结果

- 你可以在多大程度上调整限制条件，以使公司追求的结果也能适合团队成员？

- 从你的角度，是否需要更多的同理心才能达到结果？是否有必要解释清楚，只需要很少的改变就可以达到效果？
- 可以设定哪些阶段性目标来确保每个人都在正确的前进轨迹上？
- 员工是如何用自己的话来描述达成新目标的方法的？

让员工参与进来

对于大多数员工而言，无论动机、观念和行为偏好如何，这些都可以帮助他们参与进来，让他们感觉自己有能力做出决定并影响结果。

实现这种参与的最佳方法，是确保你在个人交流或团队会议之前，了解哪些问题最迫切需要解答。例如，你可以面对当下的策略及由此产生的改变，然后提出问题：

- 你喜欢这个策略或改变吗？
- 对此有什么不满意的地方？
- 你认为哪些问题可能会阻止我们成功？
- 在这方面，应该如何与客户或业务伙伴交流？
- 在实施方面，你希望获得什么形式的外界支持？
- 我们需要更改或适应哪些流程和做法，才能成功实现业务目标？
- 哪些任务应该重新分配？
- 我们是否应该进行 SWOT 分析[15]，以更清楚地了解那

15. SWOT 分析是一种综合考虑企业内部条件、外部环境的分析，并进行系统的评价，最后选择最佳的经营战略。S（strengths）是优势、W（weaknesses）是劣势、O（opportunities）是机会、T（threats）是威胁。——译者注

些需要考虑的方面?

- 为了达成五星级结果,我们希望/可以花费多少时间?
- 我们需要使用哪些资源以达成预期的结果?

从两个方向上改变观点

你可以在考虑公司意图的情况下选择最适合员工的信息传达方法。但是,你应始终牢记所追求的五星级结果,这结果通常是由其相应的承受者来决定的。为此,你必须改变视角,不仅要站在员工的角度,也要站在公司和领导层的角度。你可以问自己下面这些问题:

- 是什么导致公司领导层改变策略?
- 我可以要求更多或更详细的论据吗?
- 公司追求的总体目标是什么?
- 公司中有谁可以帮助我,以动机为导向和适当的方式去传达信息?
- 别的行业或部门是如何应对新趋势的?我可以与同事协调,获取想法,定义共性,并付诸行动吗?
- 我们的活动可以在多大程度上影响全局?

重置自己的心理状态

现在,你也应该质疑自己对即将发生的改变的看法。为了能够轻松地朝新的方向发展,你需要做出哪些改变?如果一个人持消极观念,那么他就很难表现出积极的行为,也很难期望员工会有相应的行为。作为领导者,你总是希望能够在传递信息时不要受自己心理状态的影响。这并不是那么容易,但可以达到预期的日标。员工需要领导者对变革、新的战略或方向充满自信。因为如果领导都做不到,又怎么能指望员工呢?

例子:还记得当我在一家大型连锁酒店担任酒店经理的

时候，总部做出了一些决定，我认为这些决定没有意义。显然，这些消息很难有效地传达给员工。但是作为管理层，执行公司的策略是我的职责所在。我花了一些时间来弄清楚那些要求的优缺点，列出了一个非常简单的利弊清单，还与分店的同事交谈，以了解他们是如何看待这个情况并怎样与团队沟通的。但是，真正起作用的是自我观念的转变。我从总公司的角度出发，问了自己一个问题：总公司为什么要制定这个策略？接着我发现了相当多的理由。

权衡利弊

我提前做了利弊分析，为接下来可能出现的争论和担心做好了准备。总公司只是想将改变策略通知员工并告知其中的必要性。这个结果与个人或团队的需求无关，总公司想要的只是快速、彻底地执行既定的策略。

遗憾的是，生活中经常出现这种情况：我们无法总是对所期望的人或事产生影响。有时我们不得不屈服于要求和期望。但是，如果一个人能够改变角度，并理解了其他观点和行为方式，这会变得容易得多。

情境中的个性

领导层没有万能药，相反，他们必须始终根据情况来考虑员工的个性特征。

例如：你发现员工向你隐瞒了重要信息。现在有不同的方式来与员工沟通。

方案1：假设你的员工没有故意隐瞒重要信息。在这种情况下，你应该关注他没有传达的原因。对他来说也许并不清楚哪些信息是重要的，哪些是不重要的。你告诉过他哪些信息是重要的吗？如果没有，那请向他解释清楚，并明确表示他不应该受到责问。但是你现在已经将所需的结果告知了他。从现在开始，由他来确保在将来不会再次出现问题。

方案2：你的员工有意隐瞒信息。现在，你有两种选择：你可以为此惩罚他，比如将他从项目中剔除甚至解雇他。或者你可以改变看法，找出他这样做的原因。也许他追求的是良好的意愿：想减轻你的负担，或证明自己可以做到这一点，或者他是在明确自己的责任范围。分析与他的对话，观察他的行为，探索他的动机和期望——然后再决定是否可以接受他这种行为。你要么让他离开，要么说服他调整行为以适应你的期望。

允许其他的观点和行为方式

所以，如果你想改变现状，仅仅改变行为是不够的，你必须从不同的角度看待问题。无论是什么在鼓励我们"转念"，最基本的先决条件始终是能够允许其他的观点和行为方式的存在。如果我们只是停留在自己的视角，就很难选择适当的行为方式，也难以得到预期的结果。

当然这也是一个类型问题。从自身来讲，我要知道是否对此类企业的结构、等级和标准感到满意？还是会受到这些情况的限制？大多数时候，我都能够很好地处理需求，因为我很早就开始转念。时至今日，作为一名独立经营的人力资源开发专家，与我合作的客户很多都是大公司。我可以与客户融洽相处，能够适应公司结构和流程。

服从他人的决定

领导力意味着有时会做出令人不快的决定，并服从他人的原则和决策。正是在这种情况下，管理者的真正能力才显现出来。

例子：我记得有一位受训者，是被他的老板派到我这里来的。他过于情绪化和冲动，经常因此影响整个项目。但是，他大多数时间表现都非常好，对此，我认为原因在于他与同事产生分歧的时间过长导致情绪爆发，由此引起越来越多的激烈冲突。这让很多员工绝望，有些哭了，有些甚至辞职了。管理层一直在努力寻找解决方案，也与“受害人”进行了无数次讨论，但没有任何帮助。最后，老板找到了我。

我们一起分析五星原则中的“每一颗星”，确定他的动机、观点和行为方式，并将其与公司的预期结果进行比较。最后，我们制订了具体的行动计划。在培训期间，我们一起修正和改善了某些行为。这很快就有了效果。然而，这还不够。唯一的解决方案是让他在适合他个性的团队中担任领导职务。很快，他在另一个分支机构中获得了领导职位——一个五星级的结果。新团队的人际关系更加融洽，所有人的观点和行为方式相似，他的预期结果也与同事的非常相符。简而言之：志同道合。

结论：改变一个观点也可能导致某一后果（针对个人决定的后果）——这种情况往往是为了团队和管理者的利益。换句话说，有时在人际关系中进行某种取舍，才会得到五星级结果。也许过程会有些痛苦。

与员工和团队进行以类型和动机为导向的沟通

以下例子还显示了准确定义与员工或经理之间的关系有多么重要。想象一下，你与团队中的一位成员已经合作了很长时间，并且一直配合得很好。由于某些未知的原因，他最近几个月的绩效下降了。作为领导，你现在有两个选择：你可以将其忽略，然后等待他的效率再次提高；寻求和他沟通的可能。如果你选后者，那就请为谈话做准备，这是成功获得新见解的前提：

- 他的个人生活是否有变化？是否因为某些事情太私人化而导致他没有沟通，但这是一个会影响他的表现的大问题？
- 除了发现对这位员工特别重要的需求，还应根据经验来探索他的观点。动机结构不只是对表现出的意愿和能力有很大的影响，对一个人的观点和行为方式也是如此。

提出问题，为沟通做准备

此外，面对以下问题也要始终牢记五星原则：

- 你想问哪些问题？
- 你如何确保没有超出自己的职权范围，而是专注员工的工作内容？
- 你在这次对话中的发言权应该是多少？
- 你准备做什么样的观念改变，以便你以不同于以往的方式看待员工？
- 你想要什么样的结果？你是只想让员工再次表现出正常的水平，还是想了解其业绩下滑的原因，并且可持续性地对其进行疏导？

只有通过有所准备的反思，你才能达到理想的效果。在这里，不可或缺的是高度的同理心、真诚的关心、耐心和时间。许多管理者无法满足这些要求，他们总是因缺少时间而感到困扰，“陀螺一样停不下来”，这就导致人们不再去关注真正重要的事情。所以，你还必须自问：

- 这名员工及其表现对我有多重要？
- 他的绩效变化在多大程度上影响了其他员工或项目、客户关系、期望的目标等？

创造合适的条件

我认为，管理者的主要任务是为员工提供所需的条件，以达到尽可能高的效率。一名管理者并不是说一定要在某个领域做到最好，从不出错，或者能回答所有问题。

许多管理者只是忙于收发电子邮件，在细节上迷失方向，或者只是追随既定政策而不是引领公司发展。因此，请经常问问自己：你是在领导，还是只是在管理？

激励型的领导

激励型的领导除了对员工的动机结构加以考虑并为其“服务”之外，别无其他。

例如：以一个大部分时间都坐在计算机前的程序员为例。此人现在对身体活力的动机有很强的表达，他在工作期间可以做这些吗？不可以。可以相应地更改工作任务吗？不可以。但工作场所的环境是可以调整的。老板可以为他实现这一动机创造必要条件：可以留出更长的午餐时间方便饭后散步。又或者用弹性工作制代替固定的工作时间，以便在工作之前或之后有足够的时间锻炼身体。

通常，小调整会产生大影响。为了实现这一点，我必须与客户一起努力。

例如：近几年，我一直在陪伴一个受老板影响和主导的管理者团队。这个情况本身并不算坏，因为每个人都信任并尊重他。但是，每当这个团队召开团建会议时，就会充满冲突和不确定性，每年都是。“这次又会有什么？上次会议后，我的肌肉酸痛了四天。”一位团队成员抱怨道。又有一位说：

“我希望他不会像上次那样，进行那么大规模又耗时的行动。”框架模式根本不符合参与者的需求和行为偏好。在这里，总负责人未能改变视角，观察有什么可以激励参与者。这位老板在行为偏好上是黄色的，他喜欢做不同寻常的事，尝试新事物，体验冒险——所有与肢体活动相关的内容都可以激发他的兴趣。而他没有想到的是，团队成员具有不同的需求动机和行为偏好。

经过培训，了解了不同成员的差异时，他学会了转变角度。活动内容不再只是卡丁车或攀岩。战略会议被赋予了大家都喜欢的新面貌，而不仅仅是“一言堂”。突然之间，大家不必担心要去跳伞或蹦极了，而是期待一个众望所归的团建——这是一个有吸引力的支持计划，对所有人都公平。这种改变最终使团队拥有了更强大的动力，团队负责人现在可以看到其他人看到的东西了。

赞美与认可

如果查看下各个公司及其员工的调查结果，很明显，对于许多管理者来说，认可和积极的反馈似乎并不是一个有效的激励工具。

赞美不花一分钱，而令人惊讶的是，相当多的管理者却会在这个问题上纠结。

每个人都需要赞美

事实是：每个人在生活的各个方面都需要鼓励、赞赏、赞美和认可，因为这些对于心理稳定很重要。良好的鼓励或真诚的赞美能够使我们进入情感的升华。但也并非每个人都需要相同量的表达。生命动机的识别（根据其强烈程度）提供了人们对其渴望程度的参考。但是，哪怕是你无法利用生命动机分析的见解，你也仍有机会发现、认可和欣赏其对每个人的重要性。至关重要的是，不要自以为是，而是要去改变自己的视角并关注对方的观点。

你可以根据以下问题，对这个主题进行反思：

- 我通常多久会赞扬一次员工的表现？
- 员工对此有何普遍反应？
- 我的赞扬是具体和易于理解的，还是倾向于说“一切都很好”？
- 原则上，我是否只是私下给予认可，还是有时利用整个团队的存在来突出个人的特殊成就？
- 我怎样才能判断某人比其他人需要更多的鼓励和认可？我能否观察到某些表达和行为方式在说明这一点？如果能做到的话，那么是哪些方式？
- 我批评员工时，对方会如何反应？
- 在公司里，一般如何处理认可和赞赏？
- 如果我直接表达赞美的话，能够观察到什么？
- 对于员工的活动或绩效，我认为特别值得称赞的是什么？
- 我自己是如何对待称赞和赞赏的？我会为此感到高兴吗？我会感到动力的提升还是这都无所谓？

赞美有时比加薪更有动力

赞美和认可是一个非常重要且复杂的问题，从他人的角度来看，总觉得赞誉和认可得到得太少。从长远来看，表扬通常比加薪更能激励人心，因为表扬是针对个人和情感上的满足。顺便说一句，越理性的人，越会为得到认可而感到高兴。

结论：我们的社会更倾向于表达批评。我们总是致力于分享不好的经历，以至于常常忘记欣赏积极的事物、处境和行为。大多数社交关系可以通过明确的激励得以改善。

多听听自己内心的声音。当别人告诉你，你做得非常好时，你感觉如何？我认为，如果你的付出也被“外部”认可，那么你会变得更好。而其他人甚至会比你更努力地去争取积极的评价。这主要是来自视角的改变。站在对方的位置，看看他所看到的。

慷慨又体贴的赞美

慷慨地去赞美，但要足够体贴，因为只有在合适的情况下，对方才能接受。请始终记在心上：认可和称赞不会消耗你任何资源，只需要你多一点关注。

在极少数情况下，领导者可以选择他的团队。对那些因为临时项目而组成的团队，我们无法起到大的影响。尽管如此，团队仍旧希望被领导，并取得成果。团队成员会面，讨论项目的参数，确定项目计划，而接下来的事情却会变得与计划不同。由于团队成员彼此不了解，工作方法也不同，可能无法在规定时间内完成任务。在这种情况下，人们只能通过有针对性的团队发展策略来进行整合，使员工们走上一条共同的轨道。如下面的例子，基于生命动机分析或行为偏好分析的团队，其实是可以创造奇迹的。

团队发展中的行为偏好分析

我随一个管理团队工作了好几年，目的是制定适合的领导策略。为此，我使用了各种分析工具，其中也包括类型学。

“团队洞察轮状图”清楚地展示了主管与员工行为偏好的差异。这家公司的管理层都具有蓝色或红色的行为偏好，而其员工则是绿色或黄色的行为类型（见图 24）。

这意味着领导团队在行为偏好上更加理性，而员工则更加情绪化。到目前为止，这一偏好差异几乎没有被考虑过。

每年的一二月，公司会在所有地区举办业务启动活动，在这一活动中将会向各个销售团队传达新一年中的业务方向。由于负责人的行为偏好，他们总是相当理性、直接和缺乏热情。而在计划制订的过程中，情绪问题被严重忽略了。

不同的处理方法归功于行为偏好分析

现在，领导团队决定根据行为偏好分析重新设计接下来的活动：管理者设计了诸如团队合作和全体讨论之类的互动元素，并且演讲也更具创新性、前瞻性、充满活力且积极向上。他们没有宣讲新的挑战和雄心勃勃的目标，也不再在幻灯片和演讲中喊口号，而是着重强调每个人都可以为团队做贡献，以此达成预期的目标。

部分参与者被邀请上台，并因其特殊成就受到嘉奖。针对公司中有趣和滑稽的事件制作了小视频和模仿节目，旨在提供幽默的娱乐环节。在这里，首要的是以黄色的行为偏好来激励和启发员工。我们没有谈论什么将会改变或消失，而是强调了那些仍会存在的内容。因为绿色和蓝色的行为类型不太容易产生或应对大的变化。高管们在行为偏好中刻意“扮演”了参与者的角色——将自己融入程序中，制造情绪，并避免发表过于理性的讲话。

时至今日，员工也在谈论他们的行为偏好并使用颜色语言。这是一个非常积极的结果，因为它表明洞察力是非常稳

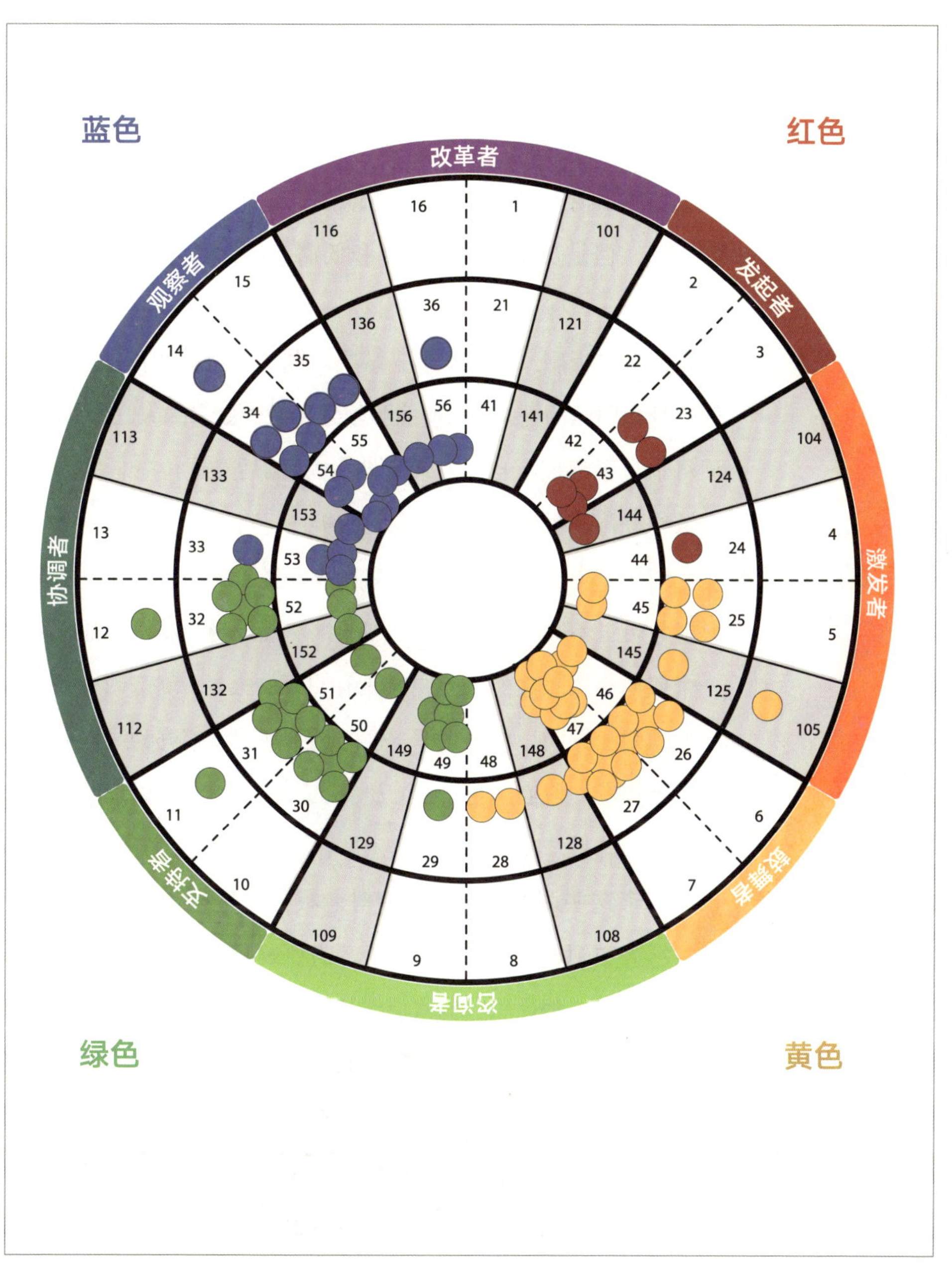

图 24 “团队洞察轮状图”的分析结果

固的，并且持续有效。

管理层与团队发展的动机分析

激励型领导的作用可以通过一家位于杜塞尔多夫的广告公司的例子来证明。这家公司的管理者眼下有着明显的担忧：如何招揽年轻人才并留住老员工。毫无疑问，该公司业绩不错。但是员工的高流失率和低满意度常常使老板感到头痛。

这位老板想“从根本上”解决问题，使用赖斯档案®了解自身和团队的需求，以便能够领导和激励更多的人。首先，让每个员工都拥有自己的赖斯档案®。然后对这位老板的激励结构进行分析，并与对员工的分析进行对比。

团队成员都在一个频道上吗

结果是：老板和团队之间存在一些基本的动机差异。与大多数员工不同，老板没有强烈的社交或好奇心动机。他是一个偏向有序表达的人，同时具有明显的报复/攻击动机和较低的团队导向。相比之下，他的员工都是以家庭为导向的团队合作者，他们一起收集、研究、发现。因此可以理解，他们并不总是“在同一个频道上”。

基于这些调查结果，我们对老板的管理行为进行了剖析：行为和领导范式都因何产生，需要做些什么来打破旧的模式？通过这种反思，他意识到了各个参数（动机、观点和行为方式）之间是如何关联的，而且他的领导能力其实并没有很糟，只是没有根据需求和个性做调试。

现在开始才是最终需要应用领导技能的地方，譬如“以动机为导向的沟通”“会议中的赞赏行为”“积极倾听问题”“评估面试中的提问技巧”“目标制定”等。此外，公司需要从根本上进行重组。引入了中层级别，根据每个人不同的动机结构，将那些特别适合执行这项工作的员工提升为团队领导。在“变革讨论会”上，每个人都能够传达自己的愿望、目标，也能表达批评。他们还讨论了特别热门的主题，例如流程的优化，求职者的面谈、团队合作等议题。

结果就是，员工更多地参与了公司决策。他们获得了对公司事务产生具体影响的机会，自己的动机也被考虑了进来。

通过生命动机分析获得成功

基于对生命动机的分析，这些措施取得了巨大成功：在两年半的时间里，团队的满意度和稳定性得到了显著改善。代理商的效率以及客户的满意度（通过每年进行一次的调查得出）得到显著提高：现在的数值达到了 1.9。而在采取这些措施之前，代理商得到的客户满意度仅为 2.8。[16]

类型和动机为导向的任务分配

如果管理者能够了解员工的动机特征，了解员工的观点和由此产生的行为方式，就可以帮助他们完成自己的任务。但一切都必须再次从“转念”开始。虽然对某一职位的任务描述可能很清楚，但这并不意味着坐在那个职位上的人也具有完成上述任务的内在动机。当然，有人会说：工作不易。确实，工作中的很多事都不容易。但是，我们也可以说：尽管不易，但仍有可能得到五星级的结果。

以编写会议记录这样的经典任务为例，许多员工都讨厌它。在大多数情况下，尽管具备较强写作和阅读能力的参会者都可以承担，但这个任务总是会分配给特定职位的人。出于公平考虑，公司尝试轮流执行，以便每个人都有机会，但最后记录的结果并不总是令人满意。

---

16. 德国人惯用的评分标准为 1—5，5 分极差，4 分及格，1 分最优秀。——译者注

现在让我们回忆一下之前提到的类型学研究，哪种行为偏好类型最适合于此呢？

哪种行为偏好合适

黄色类型的人最有可能忘记这次轮到他了，他积极参加会议，并抓住一切机会尽可能地参与其中。因此，他可能不会在会议期间做笔记，而是以某种方式将会议内容储存到记忆中。红色类型则会很快找到一个可以替他执行任务的人，因为他会解释为“根本没有时间”。绿色类型更倾向于写一部“小说”，而不是一个简单易懂的报告，因为他想尽可能地记录一切会议的内容。因此，蓝色类型的人似乎最适合此任务，因为他坚持事实、避免错误、重视时间并同时忽略掉那些偏离中心或琐碎无关的内容。

那么反过来想，这是否意味着蓝色行为偏好类型的人就总是必须做会议记录，即使这不是他的任务？很有可能。如果有关人员的内在动机也以此为基础（例如通过明显的有序动机），那么他真的可能是完成任务的最佳人选。他只需要付出最少的精力就可以做好这项工作。最终，每个人都将得到满意的服务。因为一份整洁、准确且及时的会议记录，是多么理想的五星级结果。

同时考虑内在动机

这里还有一个例子，很好地说明了在任务分配中考虑内在动机和行为偏好的重要性。

一家公司推出了新产品，它可以吸引广泛的客户群，现在必须去招揽客户。谁是最适合接受这个任务的员工？你怎么认为？

哪些动机、态度和行为方式特别有助于完成这项任务？请拿来纸和笔，让我们一起练习，定义一个完美营销专员的个性特征。准备好了吗？现在我们来做个评估吧。我认为，拥有黄色行为偏好的人，那些拥有明显的社交和报复/攻击动机，以及在认可和安宁动机中表达较弱的人尤其适合。他们是更加善于交际的人，能够把客户放在关注的中心。他们不容易产生压力，可以很好地应付客户的拒绝，甚至可以把它作为一种激励，以便能够在下一次谈话中比其他的竞争对手更好、更成功。因此，这种观点是乐观和自信的："争取新客户，这很有趣，对我是挑战，而且可以使我达到优秀营销员中的顶点。"在这一点上，需要项目负责人重新思考，改变观点，尽可能将任务分配给消耗最少精力就可以完成的人。

结论：如果在任务分配中能够尽可能多地考虑到个性特征，那么以较少的精力获得最佳结果的可能性就越高。

年度绩效评估面谈

在大多数公司中，年度绩效评估面谈是一种经典的管理工具，尤其是人力资源部门对此是最为要求和遵循的。但据我所知，只有少数高管满意于对相关人员进行这种仪式化的一对一交谈。他们通常认为这是一个多余的、耗时的流程。高管们对此准备不足，或者只是匆忙、草率地交谈。由此产生的后果往往是致命的。

我记得在担任酒店经理的时候，我的老板——负责德国、奥地利和瑞士大区的总经理——准备对我进行第一次绩效评估面谈。

时间得到了确认，我为此感到兴奋。毕竟，这是我作为酒店经理一职的第一次面谈，我为第一年的工作感到自豪。当然，我已经为这次面谈做好了准备，填写了评估表，并标注出许多示例，这些示例在附带的详细说明中解释了我的评估理由。

但这次对话却与预期的不同，完全没有按照我之前想象的进行。我的老板打开公文包，拿出一张完整的评估表放在桌子上，然后只说了一句："在最后一页的右下角签名。"我对此感到震惊、失望和愤怒。那不是我所想象的，因为我确切地知道，这样的面谈应该如何进行。

我读了他的评估，主要是根据我当初在学校的成绩而得出的，而我精心准备的那些文件则被轻描淡写地放在了一旁的桌子上。我完全不能同意这份评估内容。当我能提供这么多例子来证明我很优秀的时候，他怎么能说只是一般般呢?

我没有被重视，我那明显的权力、现状和报复/攻击动机在蠢蠢欲动，想要得到满足。我对这次评估面谈可以拥有良好结果的需求被丢到了角落，而我对绩效评估能够拥有"在平等的基础上达到建设性的反馈和目标"的期待也无人问津。而且，这里既没有考虑我那偏向于明确的行动计划和具体目标的红色行为偏好，也没有考虑我偏爱开放、欣赏和沟通的黄色行为偏好。你可以想象我在这次谈话中有多激动。

员工在绩效评估面谈中的错误

当时，我还无法理解老板的观点。紧接着我犯了四个大错误：

- 我没有改变视角以了解老板的观点。
- 我事先不知道他会如何进行这次面谈，对此我应该准备什么。

- 我没有主动告诉他，在过去的一年里我都做了什么，是怎么做的。
- 我没有考虑到他已经有过四十六次这样的谈话，而且这种方法是他管理所有人的唯一办法。

每个结果都有一个前期过程

我并不是想要证明他的做法就是正确的，因为哪怕是在十几年后的今天，我还是认为这并不可取。但是，我的反应，我那明显的拒绝态度，能够达成五星级的结果吗？当然不能！我由此陷入了失望。这使我得出了一个结论，即结果是有前期过程的，也就是说，结果通常是过程的延伸。现在，我知道了我的某些举动不利于改变老板的看法。我忽略他，没有告知他，没有征求意见，也没有让他注意到我的行动。当然，为了酒店以及整个公司的利益，我“做了我该做的事”。但是对于其他人来讲，我的举止似乎过于傲慢、独断、自我满足和缺乏沟通。

你了解了吗？虽然很多年过去了，但我曾经也是这样的。无论如何，我从中领悟到：要以更加差异化的方式处理此类情况。即使现在我自己做了老板，不再需要绩效评估面谈，但我的行为和成绩仍是由我所处的环境来评估的：来自我的客户、培训对象、员工、同事、合作伙伴等。

正确的面谈准备工作

如果属于公司的管理层，以下问题和提示将有助于你与员工的面谈：

- 确保你的员工知道他们所期望的内容，如何估量它们以及何时可以估量？
- 给员工们为面谈做个人准备的时间。

- 确保你自己已认识和理解了评估标准。
- 为面谈留出充足的时间。
- 不要在你的办公室中进行，因为那是你的领地。选择一个中立的地方。
- 查找每个评估标准的范例，以便可以证实你的评估。
- 在表示同意或者评价其他的重点之前，先让员工解释自己的自我评估并给出一些示例。
- 在准备面谈时要考虑员工的动机表达和观点。
- 服务于员工的行为偏好。
- 绩效评估总是主观的，因为它只是反映了评估者的意见，目的只是为评估提供框架的标准。你应让员工在谈话开始时就意识到这一点。
- 评判过去的一整年，而不仅仅是最后三个月的成果。
- 仅评估行为和结果，而不评判个性。

我向你保证：如果你能够在下一次面谈中考虑这些问题，那么与没有事先准备相比，结果肯定会变得更好。假设，你与员工的关系对你很重要，那么，你就势必会投入必要的资源来进行一场公正的、拥有赞赏性的对话。对于你的交谈对象来说，这次谈话通常比对你本身而言更令人紧张。员工可能会在前一天晚上睡不好觉、担心、不安，并希望得到许多赞扬和认可。而一次成功的绩效评估面谈可以激励他好几个月——这通常比加薪更有效果。

人才选拔

合适的人在合适的位置

在过去，如果有一个职位要填补，通常首先会进行传统的潜能分析，然后试图将合适候选人“筛”到那个位置。有时候，公司可以幸运地发现合适的人才，而员工也能如愿以偿。可有些时候，这个过程不得不反复进行。作为曾经的酒店经理，过去的我也会这样做。而现在，根据我在五星原则中获得的这一发现，我觉察到了很大的不同。责任和任务变得如此复杂，以至于这种方法不再可行。如今，公司必须改变看法，看看哪些个性特性最匹配哪个位置。所以，公司负责人应该在第一步中问自己：期望的结果是什么？然后：这个位置上的人要拥有什么样的技能、教育程度、资历、行为和观点、动机和需求，在公司中的哪个位置可以最好地发挥他们的能力？换句话说，该职位必须适应候选人的个性。

当与我长期合作的助手辞职后，我最初感到头疼。我不是一个特别善于应对变化的人。我有着很强的有序动机，需要有规律和可控的程序和流程。我如何能找到一个效率尚可的新员工，同时也能符合我的习惯？

调整任务范围

当浏览潜在候选人的各种简历的时候，我很快就意识到，这些人的能力和个性截然不同。我必须适应眼下的状况，结果可能会很糟糕。突然间，我的眼前出现了一份简历，它改变了一切：一位各项能力远高于这个职位预期要求的候选人成了首选。接下来我都做了什么呢？我把任务进行了修改，使其能够与申请人的技能、才干和性格特征相匹配，同时也可以为我带来巨大的利润。现在，我绝不想错过这个人选了。

这个职位的发展潜力，已经为我的公司提供了巨大的增值。当初的这个决定产生了五星级的结果，为我俩创造了双赢的局面。

因此，我希望更多的公司能够重新考虑他们的招聘方式，并转换视角，将合适的人放在合适的位置上。

让我们根据下面的“动机特征的比较”来查看你是否找到了合适的人。

提拔正确的人

想象一下，你有四位同样出色的员工。近几年，他们四人在公司的业绩都超过了平均水平，而且他们在公司的任职时间都很相近，有类似的行为偏好以及同样扎实的技术知识。现在，要让这四人中的一个成为团队负责人。

这几位员工的不同之处仅在于各自的动机不同。仔细查看下表中的动机特征。

员工 动机	员工 1	员工 2	员工 3	员工 4
权力				
认可				
现状				
社交				
有序				
荣誉				
独立				

图 25　动机特征的比较

哪位候选人最适合担任负责人？我相信你会找到合适的人选。

你决定了吗？然后，我会告诉你我将提拔哪位候选人。我的决定是2号员工，他有很强的权力动机。这给了他领导团队的必要动力，也可以使他乐于承担责任和掌握控制权。他可以很容易地为自己的团队投入进去。他的认可动机没有特别明显，以至于他不太能接受批评。尤其是现在他突然成为上司，在与同事打交道时，这可以使他变得更加强势。反过来看，由于认可动机的状态比较平均，他也能够在适当情况下表示赞扬和认可。

他的现状和独立的动机强度也在平均范围内。因此，他将可以更多地了解情况，并尽可能地发挥。由于社交动机的特性，他可能会更热衷于与团队成员建立和维持良好的关系。低欲望的荣誉动机将帮助他以目标为导向去领导团队。

因此，2号员工最适合团队领导者的这个职位。在这种情况下，他可能比其他候选人花费更少的精力。

人力资源评估不仅仅依靠可见的事实，如学位、证书、培训，科学合理的诊断工具同样可以帮助公司找到合适的员工。同时，这些工具提供了重要的见解，能够进一步了解已经存在多少潜力，以及需要再投入多少资源来开发（潜在）员工。

性格和潜力分析

最重要的是，找到合适的员工意味着要改变视角，着眼他们的个性特征。对于每颗“星”，都有特别合适的工具来帮助分析。

需求　观点　大脑　行为　结果

多年来，我已经找到了正确的工具来应用我的五星原则。我使用赖斯档案®来表示人类的内在冲动、生命动机或需求。对于那些非常符合我们价值观的观点，我会使用“9级价值体系”，这是一种诊断工具，可以分析和绘制个人、团队或公司的价值体系。我使用 Insights Discovery 工具来分析行为偏好。还可以用不同方式来分析和反映结果。传统的 KPI 都适用于这些工具。

当然，还有其他诊断方法。但是，我在这里只列出那些经过验证的。

哪些工具适合哪些个性层级

显然，没有哪种方法可以被视作潜力分析工具，因为大多数工具只专注于一种个性。公司首先要了解的是员工或候选人的个性层级。

例如，对于需要填补的职位，重要的是了解候选人拥有哪种“典型”行为方式，无论性格外向、内向还是感性、理性。查询有关行为偏好分析的更多信息，例如 InsightsDiscovery®、DISG®、Persolog、迈尔斯 - 布里格斯类型指标（MBTI）或 InsightsMDI® 之类的分析工具。

如果你想知道候选人或员工的动机是什么，他的需求是什么，那么基于赖斯档案®的动机分析可能就是正确的方法。

这类方法描绘出了对一个人来说重要的东西，是什么在驱使他，给他能量，从而使他特别高效。

你是否正在寻找一位有自信、受人欢迎、富有同情心和为客户着想的新员工？也许是为了更好的销售业绩？

使用多种诊断工具

一个人的个性也如同拼图一样：我们可以获得并整理的部分越多，一个人的"个性形象"就越清晰。因此，使用多个诊断工具进行潜在分析通常是有益的。这些工具的好处显而易见：

- 它们可以确保高度的客观性。所得出的结果并非基于经理的意见，而是基于相关人员的自我评估。
- 它们有科学依据。诊断的结果能够显示出高度的可靠性和有效性。
- 它们提供了直接的个性架构。通过对自己的测算结果处理，候选人或员工可以感到自己内心更深层次的内容。这是关于他们个性的挖掘。他们有机会更好地了解自己，并了解更多的发展潜力。

确定优秀的工具提供者

眼下，不同的诊断工具如雨后春笋般冒出来，如何从这些良莠不齐的产品中选出一个最适合的呢？为了确保你不仅能够拥有正确的工具，而且可以拥有能力最强的供应商，你应当注意以下三个方面：

- 这个工具科学吗？收集并了解它的质量标准。
- 这个工具是否在业界被接受？询问已经使用该工具的同事或其他公司。
- 这个工具在实践中真的适用吗？测试该工具的可理解性。如果它太复杂并且只能以专业心理学的程度来理解或解释，那就并不合适。

进行有意义的潜能分析的三个步骤

即使诊断提供了所有重要发现，它也绝不能是决定某人是否合适的唯一条件。经验、专业知识、资历、生活经验等同样重要。第一个问题必须始终是：结果是什么？以及有哪些与之相关的要求？还需要以下步骤进行潜能分析：

1. 创建需求档案。人们需要做什么才最有可能在期望的位置上发挥能力？
2. 确定要查询的个性层级。要执行哪些诊断？
3. 与员工或候选人讨论结果。他找到自己了吗？他是否意识到了自己的发展潜力，并愿意为此而努力？
4. 设置或启动潜能的开发措施。你能为他提供什么样的可能性以使其向着最好的方向发展？

需要注意的是：进行潜能分析的前提条件，必须是征得对方的同意，并将结果发送给他。要让对方可以看清我们手中的每一张牌。减轻候选人或员工对潜能分析的恐惧也很重要。不要将分析命名为“个性测验”，这个术语是完全错误的，因为你没有明确的判断标准。明确向对方说明：这里没有好与坏、对与错，只是“适合”或“不适合”。

结论：潜能分析有助于科学地将动机、观点和行为方式变得可视化。我自己尝试过许多不同的方法，并且通过由此获得的见解改变了自己的观点——只不过，有时是自愿的，有时是非自愿的。观点的非自愿改变通常是最尖锐的，因为它们向我展示了我的动机、观点和行为方式，并激励我改变自己的行为以取得五星级的结果。

如果只想要那些合适的、有上进心和高效率的求职者来回应你的招聘广告，这是不切实际的吗？其实这可以为你和那些不适合的求职者节省很多时间。而生命动机分析恰恰提供了这种可能性：一个以动机为导向的招聘广告，只有合适的求职者才会做出回应。

动机为导向的工作描述

例子：我们一位研究所的客户正是出于这个愿望才来找到我们。他们的公司正在寻找一名高效率的新项目主管，希望通过招聘广告吸引来合适的人选。

以高绩效为起点

为该客户创建一个动机导向的招聘广告的策略包括两个步骤。首先，定义所需求职者的资料。基于该公司高绩效员工的动机状况，可以总结出相似的特征，主要针对以下方面：好奇心、社交、家庭和报复 / 攻击这几项动机在特别成功、积极进取和高效率的项目主管中尤为突出。

现在，这些以动机为导向的成功标准可以用来寻找对该职位合适的人。具体来说，这意味着，为了吸引具有与高绩效者相似动机表达的人，可以根据不同的动机将以下短语写入招聘广告：

- 强烈的好奇心动机：“多方面”“不停更新的主题”“复杂项目”。
- 强烈的社交动机：“圈子”“交换”“团队”“乐趣”“共同”。
- 强烈的家庭主题：“正常的工作时间”“家庭办公室”“弹性工作时间协议”“家庭和谐”。
- 强烈的报复 / 攻击动机：“高目标”“与绩效相关”“目标协议”“职位发展”“自我证明”。

该策略产生了效果：比起重新整理之前，以动机为导向的招聘广告选拔出的合适应聘者比例要高得多。制定动机导向性招聘广告的一个先决条件是，对特别恰当的动机特征要有相应的专业知识和认识。

同事相处

公司中的权力斗争

我想每个职场人都知道，这种职业关系并不总是顺利的。人们在权力斗争中打拼，不是承认失败，就是以牺牲他人为代价脱颖而出。

作为一家拥有 588 间客房的酒店经理，我在与同事的相处中经历过许多这样的情况，特别是财务部门的同事。

有这样一位同事，我无法理解他的观点和行为，更不用说接受了。我觉得他是个傲慢、霸道的人，根本无法沟通。我们在公开场合进行了“战斗”，周围的人都可以看到我们在争吵。从今天的角度来看，这完全不专业。但是，在当时我们可能都只是想满足自己报复 / 攻击的动机和红色的行为偏好。他认为我应该被降级，而我则要防止失去我可以支配的一切。

今天，在类似情况下，我的行为将完全不同。我会更加注重结果，并且会收敛更多的自我意识。现在，我不仅会将当初的这种行为归类为人身攻击，还要尝试从更大的视野去看待这对公司的影响。

当然，由于年龄的增长，我变得更加睿智和放松，但是我相信，如果我早就了解人格的因果关系，那么当初我的行为就会不同，结果也会好很多。好消息是：改变观点永远不会太晚。因此，今天我可以用不同的方式处理等级制度、权力斗争和误解。我学会了考虑人格的因果关系。

在这里也建议：改变观点

例如：两年前，我开始与一位同事合作。我俩绝对是来自两个不同行星的人：我们有不同的需求，有不同的经验，并因此发展出不同的观点和行为方式。不幸的是，这种差异必然是我们沟通中的障碍。我给他写了一封很长的解释邮件，要求他迅速做出回应，并提出具体的建议和决定。

简言之，红色的行为偏好以及强大的权力动机伴随着我。但是，几天后收到的回复让我失望：一封简短的电子邮件，我的问题几乎没有被回答，相反，我读到了讥讽，甚至有些侮辱的意味。

分析其他人的需求

显然，我们都不满意对方的沟通方式。我想到了我奉行的五星原则，却拒绝为合作伙伴的个性奉献出哪怕一颗星的重视。然后我意识到一件事：沟通无法以这样的形式进行。我的合作伙伴是黄色的行为类型，流水账式的邮件对他来说是很恐怖的。他性格冲动，很容易分心，而我不想因约束和时间压力而降低他的创造力。他那微弱的有序动机也会抵制常规和明确定义的程序。他最需要的是时间和空间来发挥创造力并做出决策。

基于以上认识，我向他提出一个建议，并得到他的认可：我们决定不再用长篇的电子邮件来交换信息，而是使用简明扼要的邮件来确定主题，然后电话沟通具体内容。结果就是：我们可以更有效地讨论工作主题，更快地制定决策。那些“讽刺”意味的信息不再被误解，而是被理解为友好的玩笑。在一对一的谈话中，可以直接讨论和澄清误解。而且，我们仍然有时间交流个人想法，从而加强私人层面的关系。

结论：这段关系达到了更高的水平，今天，我们有了更多的乐趣和快乐。这对我来说就是五星级的结果。

客户沟通

客户的方式取决于类型

一家大型连锁酒店集团的内部调查显示，客人对办理入住过程的满意度急剧下降。因此，集团决定更好地培训接待人员。每家酒店至少派出两名接待部门的成员参与我为他们准备的课程。培训的第一天，我们重点讨论了公司关于入住手续的流程和标准。培训的第二天，员工们了解了类型学。这是根据客人的具体性格类型有针对性的回应。目的在于根据客人的行为偏好，按照他们期望的方式办理入住。

红色行为偏好的客人不想在前台待很长时间，而是喜欢高效、快速的登记手续。接待员不应该重复解释所有细节，不要让客人参与长时间的交谈，也不要过分询问他们的情况。

黄色行为偏好的客人喜欢交流，对提供的服务或餐厅的新菜单感兴趣。他们很高兴被问到这次旅行如何，上次入住以后做了些什么等。

绿色行为偏好的客人喜欢和谐和忠诚，在被认出来是熟客并感谢他们再次光临后会感到很高兴。

蓝色行为偏好的客人欣赏实打实的完美入住体验。他们喜欢接收书面形式的信息，以便在需要时可以随时使用。闲聊对他们来说是浪费时间。

完美的观点转变

作为培训师和演讲者，我经常以客人的身份出入酒店，而作为前酒店经理，我的要求自然也特别高。我相信，只要关注一些小细节，就可以在人际沟通中取得很好的效果。因此，通过这个行业中的一个**例子**，可以看到在服务领域真正完美的观点的改变。

有些酒店在你进入大厅之前就会让你有一种良好的感觉。例如，克雷费尔德的一家会议酒店为讲师提供了专属的停车位——车位旁写着贴心的提示“培训负责人预留车位”。作为培训和研讨的负责人，往往会带很多行李和培训材料，而这个车位就特意选择在了入口和电梯的旁边。这就是整个培训的良好开始。在前台接待处，酒店还提供了额外的服务：在我开口之前，就受到了热情地迎接：“欢迎您，伊恩女士。很荣幸在接下来的两天里您能够再次成为我们的客人。”虽然这只是我第二次来到这家酒店，但显然，不仅是我的名字，同时我那红色和黄色的行为偏好也被注意到了。因此，我对高效且快速的签到手续很满意，而对于接待员贴心友好的问候，也感到特别舒服。在我办理好入住并拿到了免费的无线网络密码后，细心的接待员注意到我还带着笔记本电脑，他带领着我，向我展示了培训室，并简洁明了地解释了接下来两天我需要知道的内容：最近的厕所在哪里，哪些区域提供免费无线网络，打印机的位置在哪里。

当客户被冷漠对待时

遗憾的是，并非所有的酒店都如此以客户为导向。观念的变化往往无迹可寻。最近，我在法兰克福附近的一家五星级酒店拥有了一次截然不同的经历。我冒着雨把培训文件从停车场偏僻的一角运到了接待大厅并办理入住登记，而接待人员却很遗憾地告诉我，会议室被重复预定了。

他们表示可以为我提供另外一间带有标准设备的小房间。穿过七弯八拐的走廊，看到房间的第一眼时，我几乎晕了过去。他们没有按照我说的准备好可以翻转的白板，取而代之的是一张挂在墙上的皱皱巴巴的白纸，而二十把椅子则随意地分布在房间各个角落。对于我那强烈的有序动机而言，这绝对是一场灾难!

许多酒店没有充分意识到他们的客户是谁，以及客户想要什么。其实当服务人员能够了解客户的需求、观点和行为时，这就会变得很简单。

与客户沟通的准备工作

只有将意识调整到同一层级时的沟通，才能以最佳的方式适应客户。因此，扪心自问：客户是否——

- 是一个容易沟通、需要被正面评价的人吗?
- 是一位内向的分析师，只对明确的事实和可能的选择感兴趣?
- 是否是一个独断的行动派，不想花太多时间交流?
- 是一位社交达人，最关心的是和谐、良好的感觉?
- 他在哪种情况下表达了哪些观点?
- 从他的观点可以得出他有哪些需求?

永远记住：每个人都有着不同的需求、观点和行为方式。将你自己放在他人的位置，一次又一次地改变视角。你对客户的目标、动机、行为偏好和沟通方式了解得越多，你就越能更好地理解他们。

抛弃“用自己想要被对待的方式去对待他人”这条黄金法则，因为过时了。请遵循真正能够使你的客户满意的白金法则：“以他们想要被对待的方式对待他们。”

前面我们提到的连锁酒店，成功在一年内将客人满意度提高了6个百分点。重要的是，那次培训的另一个效果是在接待团队中建立了更好的合作精神，因为在多人协作中也会应用到对不同类型行为的了解。请你相信：团队中良好的沟通也会使客户受益。

销售环节

成功的销售是指达到了自己的目标或他人设定的目标——期望的结果。个人成果可能包括物质目标，例如高收入和昂贵的公司配车；又或者无形的目标，例如认可和更多的责任或影响力。

但是，一位销售人员达到预期结果的基础是什么？在五星原则中，我们找到了答案。动机决定了观点，它们会影响我们的行为，进而决定我们是否达到了预期的结果。销售也是如此。

销售在什么时候会是五星级结果

当我询问那些成功的卖家，对他们而言什么是五星级的结果时，我经常听到："当客户在没有我参与的情况下也能进行购买，一切都能够独立运行时。当一切顺利而我也做得足够好的时候，那就表示达到这个结果了。"如同五星原则所展示的，所取得的结果可以满足需求。

这就涉及所谓的"心流体验"——清楚地表明一个人在当下具有的内在动机。澳大利亚心理学教授雨果·基尔认为，内在动机是心流体验的先决条件，而内在动机又源于一个人的内心冲动与外在目标之间的最大可能的交集。简言之，当一个人的目标符合他的动机时，就会获得五星级的结果。

了解客户的个性

因此，成功的销售人员是指，无论是基于现有的框架条件，又或无视其影响，通过专注并服务于自身以及客户的动机、观点和行为，最终达成五星级结果的人。这与销售技巧或策略无关，而仅与是否能够识别客户的个性并采取与之相适应的行为有关。对动机结构和行为偏好的了解，让销售人员拥有广泛的行动与选择自由，以便根据需要对顾客做出回应。

好的销售人员会站在客户的角度

客户如何选择，他期待的结果是什么？在许多情况下，销售方往往忽视了这个问题。他们太忙于强调产品或服务的优势，而忘记了客户的需求。五星原则可帮助你找出客户的需求，一颗星接一颗星地逐一分析客户的动机、观点和行为。

改变你的观点。跳出销售人员的固有思维，站到客户的角度。不要将产品放在首位，而是将客户的个性放在第一位。最重要的是，仔细聆听，并试图理解对方的感受和想法。

为了确保你能够切实掌握客户的需求，你可以时不时地总结你所了解的内容。以下问题和提示可以帮助你：

- 五个问题（什么内容？什么时候？谁？为什么？数量多少？）将帮助你从发送者的角色转变为接收者。许多销售人员说话太多，忙于“发送”，以至于他们的大脑无法接收到客户的信号。
- 产品或服务应为客户带来什么好处？客户的目标是什么？始终为客户关注他所期望的结果。
- 你所提供的可以满足哪些需求？始终专注于这一点。
- 客户对你所提供的有什么具体看法？通过了解客户的信念，他们所提出的异议更容易被“解决”。
- 你的客户有哪些行为偏好？针对此偏好类型进行事先准备（请参见前文“如何识别和控制行为模式”部分）。

每个客户都会有意或无意地追求满足其需求的目标，对话中他表达的观点和信念以及展示的行为都会为你提供一些线索。特别是对于接下来需要提供的内容，你可以使用这方面的知识。在对话期间，将你所注意到的有关客户的事情记下来，并在沟通中特别关注它们。我向你保证：我所提供的内容在百分之九十的情况下都会被客户接受。

成功的销售是如何做的

关于客户个性的话题暂且聊到这里。现在，让我们再次转换视角，专注于你作为销售方的个性。想要获得五星级结果的销售应该如何做决定？哪些动机可以生成恰当的观点和行为？对一家大型保险公司中最成功的客户顾问和销售代表所进行的动机分析取得了惊人的结果：

独立和社交动机：保险业中最成功的业务员对与同事建立情感纽带的兴趣较小。他们对自由和自主更感兴趣，总是在试图避免“依赖”或“情感亏欠”。因此，他们对心理上的接近不感兴趣，但可能对身体上的接近有兴趣。最顶尖的销售人员不喜欢一个人待着，与客户或同事接触时会更自在。社交是能够赋予他们力量的动机。

权力和现状——顶级销售人员的强烈动机

权力和现状动机：这两种内在动机在绩优业务员中尤为突出。他们喜欢自己做决定，并尝试去控制人或事。当一个特别成功的精英，拥有别人没有的东西或能力时，这会给他带来兴奋。

报复／攻击动机：明显的报复/攻击动机能够驱使那些最好的保险销售人员持续表现得比其他人更好。同时也能激励他们去说服客户——遵循口号“拒绝就是销售的开始”。

有序动机：强烈的有序动机通过追求清晰的程序和过程来表达。在销售代表要面对的非常无序、非结构化、高度以客户为导向的环境中，这种动机无疑有助于他们建立更好的结构，并推动销售的成功。

较弱的荣誉动机：对销售有益

荣誉动机：即使没有强烈的荣誉动机，也可以保证保险服务的成功。拥有明确目的取向的销售人员可以更加心胸开阔。在这里，原则不是重点，重点是实现销售目标。

家庭动机：一个令人惊讶的发现是，那些“强硬”的销售人员也是“柔软”的家庭成员。他们对照料家庭的兴趣远超出平均水平，进而，由此产生的高度责任感促使这些销售人员能够做出高于平均水平的承诺。此外，他们还能在家庭与事业之间达到重要的平衡。

安宁动机：通常，人们都会认为销售人员会对压力有着特别高的耐受力，但研究结果却恰恰相反：成功的销售人员对压力更敏感。优秀的销售人员都渴望稳定性和可预测性。

他们对不确定性非常焦虑，而且会尽量避免。许多销售人员常常在年初就会开始担心自己无法实现年度目标。因此，他们对行动的准备程度很高。

那么你的动机结构是怎样的呢？你有成为金牌销售的条件吗？在之前的内容中，你应该已经评估了自己的动机结构。

客户和销售方的需求必须共存

销售方和客户的动机契合度非常重要，通过以动机为导向的行动和沟通措施，使产品能够达到“量身定制”。对于一个汽车推销人员来说，如果具有高欲望的现状和报复/攻击动机，以及低欲望的安宁动机，那么从本质上来讲，他会更容易推销出去那些豪华跑车。当他遇到与他有相似动机结构的顾客时，销售就很容易成功。

“自我拥抱”会妨碍销售的成功

但是，如果客户和销售方的需求不匹配怎么办？动机表达总是会影响看法：在不知不觉中，我们将自己的生活动机表达视为“唯一真实的”，这意味着我们将无法理解其他动机，甚至会认为由其所产生的行为是异常的或错误的。

史蒂文·赖斯将这种把自己的偏好误认为是别人偏好的心理命名为“自我拥抱”——一种自我中心主义。

在销售方面，销售人员首先也要感知顾客，就像他本人一样去看待问题。例如，如果他不了解自己的动机结构和动机维度，那么他就不会意识到客户并不是出于风险和现状动机对跑车感兴趣，而是基于低欲望的储存/收集动机。只有当推销员改变看法并意识到存在其他动机时，他才能进一步通过对话挖掘客户的动机，并通过有针对性的表达来引导他们的动机。

例如：如果汽车推销员能够认识到客户高欲望的权力动

机和低欲望的储存/收集动机，则可以通过“气派”或“属于成功者的车”之类的营销话术来满足客户的需求。如果还能引入强烈的好奇心动机，那么这位推销员将能够获得许多技术细节的关键点——有些好奇心动机较强的人也许会想直接钻进驾驶室试驾。

异议处理

如果你能够了解客户的个性，处理他们的反对意见也会容易得多。客户的反对可能是合理的，也可能是不合理的——重要的是，这些反对意见会向你透露出有关其个性的信息。如果客户有异议，那就请你改变看法。无论任何异议都可以有所期待，而不是将其视为销售的障碍。在这一点上，了解清楚客户为什么会有异议是有帮助的，这会提供有关其需求、观点和行为的信息。客户提出异议的方式也会带给你重要的见解：他是否抱怨没有得到足够的数字、数据和材料？是否对你的信誉或能力表示怀疑？还是他想听听你的个人见解？仔细倾听对方所说的。

结论：对大多数人来说，都很难将异议和抱怨看作一种机会，因为面对异议和抱怨，我们总是会感到被拒绝，并陷入辩解的境地。我们在处理这些反对声音时，对人格的因果关系的认识会很有帮助。没有什么是毫无原因就出现的。

客户会有异议，是因为他在当下主题上的看法与你不同。他可能还有另一个需要满足的需求，所以才会产生这种“防御性”行为。最终，客户的选择可能会与你认为的合理结果不同。在工作中，我也经常遭到反对。当我成功满足了客户的需求，适应他们的行为偏好并给予他们可靠的保证时，我就能够成功消除这些负面的声音。进而，我所提供的服务不仅会带来良好的效果，同时还会获得五星级的成效。

私人生活

每种社交关系都有其意图，这就是它存在的原因。它可以是爱、安全感、习惯、幸福或类似的东西。不管是什么原因，这些关系给我们带来了良好的感觉。但是，有时它们也会挑战我们的内心，使我们怀疑身边的一切。在这种情况下，我们无法了解最亲近的人，也无法了解他们的观点和行为方式，又或者突然之间相互的关系不再能满足需求。在这些人际冲突中，通常只有改变自己的观点才能有所帮助。我承认：这是一件困难的事情，因为在大多数时候，我们对情感充满了渴望，以至于我们不愿、不能或不想改变自己的观点。面对这种情况时，将情感与事实区分开来几乎是不可能的，但如果想要将这种关系继续保持下去，改变观点就是有意义的。

在社交关系中也要定义期望的结果

对于这样的人际关系，首先定义所期盼的结果。你在这种关系中想要实现什么？例如，问自己以下问题以明确你的想法和感受：

- 我对这个人的哪方面特别喜欢，又有哪方面让我感到烦恼？
- 为什么我要保持这种关系？

- 哪些是不利于这种关系延续的？
- 我的需求是什么？这些需求会被对方接受吗？
- 对方的需求是什么？我该怎么做才能使其满足？
- 我的哪些行为方式会始终受到误解？哪些行为方式会导致矛盾？
- 我们的行为背后代表着怎样的观点？某个具体的信念在这里会发挥作用吗？
- 对我而言，这种关系的理想结果是什么样的？这与对方的理想结果一致吗？

这种思考旨在帮助你找出五星原则中的哪个部分可能是关系冲突的原因。如果你能够找到它，就可以有针对性地进行改进。当然，这需要对方也接受同样的方式。

友谊

就友谊而言，我有一个非常具体的观点。对我来说，友谊意味着：不需要太多言语，无论对方做了什么，都会忠于对方，都可以相互理解。你们在一起的时候，可以分享快乐和悲伤。

接受不同的类型来充实自己

但是多年来我也明白，每一段友谊都是独一无二的。因为人格各有不同。我认识到，充满分歧的观点和行为总是不利于一段友谊。我们对他人往往有着不同的、不言自明的期望，如果得不到满足，就会感到震惊和伤害。在这些非常重要的关系中，我们会无法避免地以自己的观点和行为方式去解释、质疑和修改它们。而我们只有在能够接受不同对象的不同类型社交关系时，才能建立起五星级的友谊。

改变观点，解决矛盾

一段友谊是否能够持续，往往取决于在遇到困难局面时的处理方式。亲爱的读者，现在让我们扪心自问一下：如果你能回想起和朋友之间最近的一次冲突，触发的因素是什么？

- 你向朋友征求意见，之后却被对方的建议惹恼了。
- 在明确无误的沟通之后，你仍无法理解朋友的观点。
- 对方的行为令你难以理解，甚至完全无法接受。
- 你的需求没有得到满足，你没有得到认可，而只是受到批评。
- 你的行为始终无法产生令人满意的结果，但是你又“本性难移”。
- 你从不公开真诚地谈论内心的期望，却又对未实现的期望充满了渴望，当这些期望突然被表达出来的时候，身边的人会感到不知所措，甚至会受到很大的伤害。

我们很少会去寻求自身在冲突中的触发因素。史蒂芬·柯维一直这样说：

> 不是别人的所作所为伤害了我们。从最根本的意义上来讲，只有我们自己选择的反应才会伤害我们。

冲突中的观点转变

因此，我们要不断地对视角进行“有控制”改变。冲突的原因到底在哪里？在面对他人的行为和观点时，我们是否应该调整自身的观点和行为方式？尽量以客观的角度，从大局上来进行分析：哪些问题在阻碍着五星原则的推进？

如果一段关系不能顺利进行，大多数情况下是由双方共同造成的。

例如：你的“报复 / 攻击动机”并不强烈，你的内心需求是避免任何形式的冲突。但是现在你正处于某场冲突之中——也许以前也发生过类似的情形。在这种情况下，你已经形成了某种行为方式：你们争吵的主题产生了变化，情绪化地争论，甚至当争论变得过于激烈时，你会摔门离去。这种状况可以解释为：你内心的冲动，所拥有的动机加强了你对冲突的看法。你的大脑会将感受转变为事实，进而就会做出例如离开房间这样的举动。而结果则是：如果对方感到有必要解决和讨论此事时，则眼下的冲突没有得到澄清，甚至变得更糟。你的行为方式将继续在你的各种生活角色中延伸，形成一种持久稳定的、由因果关系形成的模式。

然而，眼下的冲突必须得到解决，否则事情会变得更糟。你能做些什么？当然，你可以采取不同的行为方式，但这样会让你不知所措，因为面对新的行为方式，你缺乏经验，也就无法产生安全感。而冲突的另一方也会注意到这一点。这也就使得你在争论中处于弱势地位，自然也不会给你带来想要的结果。这个时候，解决办法只能是以不同的视角来看待冲突——看看对方看到了什么。

有目的地寻找有用的动机

你的其他动机中哪些可以为你提供应对冲突所需要的能量，从而表现出不同的行为，并且可以稳定而持续地支撑着你？你的目的取向（较弱的荣誉动机）和蓝色的行为偏好，能否帮助你客观、合理地阐明冲突？又或者你那明确的社交动机以及黄色的行为偏好，可以支持你在人际关系层面上澄清争议？只有当你找出替代方案时，才能达到预期的结果：解决冲突。在柯维的定义中，这也许是一种妥协，但也可能是能够创造出协同效应的“第三种选择”。

家庭关系

在我的生活中，我经常被家人的观点打败。我无法领会他们的意图，更不用说理解他们了。对我来说，家庭意味着信任、亲密、安全——虽然在我的家里并没有太多这样的感受。我有一个特别深刻的经历，在二十一岁那年，我的父亲离开了这个家庭，父母开始分居，最后离婚。

当时的我认为自己必须在两人之间做出选择，并最终决定站在母亲这一边，我的哥哥也做了同样的选择。时至今日，我并不后悔当初的选择。离婚后，母亲将父亲评论得一无是处，受她的影响，我从未质疑过这一点，也没有机会对此进行评价。因此，15 年里我没有与父亲有任何联系。之后的某一天，一位政府人员站在了我家门口。他带来了一封官方告知信：我父亲去世了。我一句话都说不出来，整个人呆住了。

认清家庭冲突

在那之后的一段时间里，我与母亲发生了多次互相指责与激烈争吵，双方情绪都很激动。但在所有这些充满戏剧性的情况中，这种经历为我未来的生活提供了一些东西，事后来看，正是这些东西使我成长起来。由此，我了解到强烈的观点是如何影响人际关系、行为和结果的。

从十三岁起，我与父亲的关系就变得很复杂。我在青春期的时候是一个“革命家”，惹人厌烦又叛逆，我父亲对此精疲力竭。因此，也使得我认定了对他的看法：一个很失败的人。因为他的这种行为方式，使我认为他根本就不是值得我尊重的人。这就是为什么我从来没有对母亲的观点产生任何质疑的原因。当时的我完全没想过要去探究父亲的行为和观点。即使在今天，我也很遗憾，当时的我没能遵循内心对于家庭的需求，更没有尝试去站在父亲的角度。

在葬礼上，我再次见到了我的叔叔、姑姑和表弟——在十五年的音信全无之后。从那时起，我们又开始定期见面，彼此都聊了很多，现在，我们都在彼此的生活里重新找回了对方。今天，我理解了父母之间为什么会发生冲突。即使这种观念上的改变无法让父亲回我的身边，但是，我已经找回了几乎失去的家庭成员，找回了可以满足我对家庭需求的亲人们。

反思家庭关系

家庭关系方面的基本问题是：这些关系对我们来说有多重要，它们应该满足哪些需求，以及我们想要获得什么样的结果？

我很高兴能够认清这一事实：其实我们是可以影响家庭生活的——如果我们能够做到反思、接纳甚至欣赏他人的与众不同。现在，我已经决定永远都不要停止对家人的慷慨和宽恕——无论发生什么事。

亲子教育

让我们从一个例子开始：我的好朋友西尔克与她的女儿尤利娅遇到了很多麻烦。曾经，这可爱的孩子在学校表现得非常出色，喜欢在自己的房间里独自玩耍，不会提出什么特殊要求，并且小脑瓜里充满了可爱的幻想和主意。

仿佛一夜之间，尤利娅突然变成了一个叛逆、不服管教的少女，总是和一群“不三不四”的人鬼混在一起。她开始逃学，老师也被她打上了“白痴”的标签。她排斥沟通，房间也变成了垃圾场。眼睛周围画着重重的眼影，耳朵上挂满了各种耳环，并在舌头上穿上了刺眼的舌钉。家里的气氛变得沉闷而压抑，整件事最终以灾难告终：她开始欺骗和偷家里人的钱，整天整夜地不回家。

你应该可以想象得出，他们这一家人此时的心情。恐惧、愤怒、无助、悲伤、宽恕——所有的这些情感都在围绕着这家人。事情持续发酵，直到家中所有人都到达了崩溃边缘的时候，尤利娅在专家的建议下来到了一个青少年教育中心，在这里进行住院治疗。

放弃责任

但是一切都没有改变，尤利娅抗拒这种帮助，逃避治疗课程，叛逆问题越来越根深蒂固。直到那一天：父母和治疗师一起，再次坐到了尤利娅面前。这次他们没有像以前那样把尤利娅当作一个小女孩来看待。与此相反，母亲说：“你现在只有十六岁，实际上还很年轻，无法承担起自己的责任。但是，我们将不会再在意这些了。从现在开始，你将对自己承担起全部的责任。我们已经尽力了。你可以选择你要走的路，留在这里继续治疗，或者回到街上去。无论如何，除非你可以证明能够接受我们对你的要求，否则你不能回家。我们现在已经无计可施，选择放弃。这是你的生活，请吧。”

尤利娅猛地抬起头来，看着眼前的这几位成年人，几乎不敢相信自己的耳朵。这些大人们真的给了她一直想要的自由吗？

认真对待孩子们的观点

我可以告诉你故事的结局：当所有人都停下来，不再告诉尤利娅什么是对什么是错的时候，她改变了看法。突然，没有人再尝试把自己的观点强加于她，恰恰相反：突然间，只有她自己还在坚持着处于青春期的观点。她开始思考，自己的行为取得了什么样的结果？她真的想住在大街上吗？在那一刻，她才意识到父母对她并没有恶意，而只是与她所处的角度不同。最终，尤利娅在教育中心待了几个月，然后回了家。如今，她又成了学校里的好学生，积极参加家庭互动，寻求亲密关系，回到了正常的青少年生活。

对于世界的不同感受

儿童和青少年对于世界有着截然不同的观点，而这并不意味着这种观点是错误的，这是由于他们对世界的感受不同。例如，在我和三岁的孙子一起观看一场儿童舞台剧的时候，不得不用微笑来应对他的反应。我们坐的位置，可以看到后台的一部分。我的孙子看到两名下场的演员从一个伪装成驴子的道具里钻出来的时候，煞有介事地大声说：“你看，祖母，这头驴子是真的，里面还有两个真正的人。”他现在的感受是错的吗？不，这是他三岁的感觉。我相信，几年后，即使没有我的强烈干预，他也会认识到真正的驴子和人装扮成的驴子的区别，并且在这个过程中他不会受到任何内心的伤害。

我们成年人在与儿童和青少年打交道时更应该经常问自己，我们是否需要根据自己的标准纠正他们的观点，还是我们可以让他们独立地面对这些问题。尤利娅就是意识到了自己的行为并不能带来良好的结果，因而做出了相应的改变。

好消息是，由于儿童和青少年的生活经验较少，他们的观点并不像成年人那样强烈。因此，他们更有可能改变观念和行为。

总结

无论关于个人、团队还是领导力、人际关系，又或是教育程度，需求、态度和行为方式决定了我们行动结果的数量和质量。这些因素是人类个性的基石——我的五星原则有望提高你对如何利用这种因果关系来获得成功的认识。总之，以下这些是重中之重。

通过五星原则来获得成功

需求

观点

大脑

行为

结果

第一颗星：需求

马斯洛、爱德华·德西、理查德·瑞安、奥尔德弗、赫茨伯格——有关人类动机的理论有很多。它们都有一个共同点，就是都在专注于一个人的需求：

是什么促使我们以某种方式采取行动，或者是不采取任何行动？根据史蒂文·赖斯的说法，每个人都具有16种生命动机，但是每种动机的不同程度决定了我们的行为。其中一些驱使、激励我们发挥出最佳表现。而同样，另一些则夺取了我们实现五星级结果所需的精力。

稳定的动机结构

我们的动机结构是无法动摇的。在生命的前十二年中，是由遗传基因来决定和塑造的，除此以外，还受教育和文化环境的影响，这个时间段是固定的，只有某些剧烈的经历才会使其有微小的改变。但是，这并不意味着我们必须接受自己和他人的动机表达。我们可以学着去处理它们，有针对性地使用它们。有多种方法可以识别人的动机结构。自我评估（见图20、21、22）可以为你提供你正在处理的自己或他人动机的第一条线索。当然，根据赖斯档案®进行科学分析是更合理的。

- 如何在表格中勾选出符合自己和他人的行为？
- 什么是“胶水”和“炸药”类型的特征？
- 我应该如何看待和满足自己和他人的动机呢？

对于动机结构的认识有助于我们理解和接受观点，这是非常重要的一步。因为，如果我们想要优化结果，那么往往就不得不改变自己的行为。而这样的前提就是我们要重新考虑自身的观点，这当中是会产生直接影响的。这就引出了第二颗星。

第二颗星：观点

“但是我想的却大不相同”或“我只是无法理解这样的态度”——当人们有不同的观点时，冲突会迅速出现。接受他人的意见，对他人的攻击做出反应，或者完全被对方的态度震惊而退却，之所以我们对事物的看法不同，都有一个可以理解的原因：我们通过不同的角度来观察这个世界。每个人都受到自身的动机结构、不同的文化背景和个人经历的影响。在人们看待事物的角度上，基因和环境留下了特别的印记。所以，对于某种意见而产生不认同感，是很容易发生的。

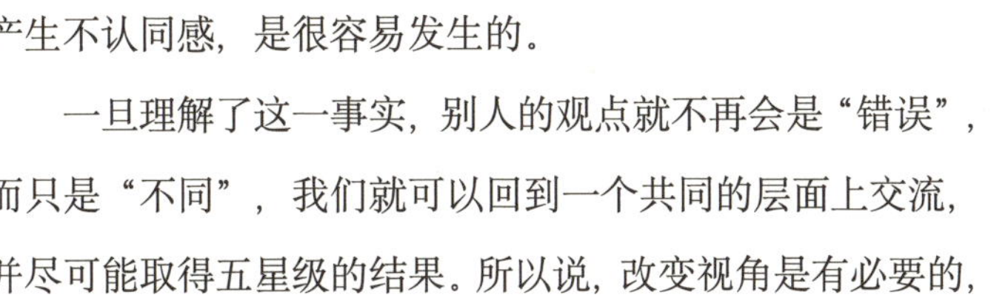

不同的观点并不代表是错误

一旦理解了这一事实，别人的观点就不再会是“错误”，而只是“不同”，我们就可以回到一个共同的层面上交流，并尽可能取得五星级的结果。所以说，改变视角是有必要的，因为我们很少质疑自己的观点。

- 我可能是问题的原因吗？
- 我的观点是否符合预期的结果？
- 即使不符合对方的动机结构和经验范畴，我是否也希望对方能够适应我的观点？

当经常反思自己和他人的观点时，我们才能够更好地相互理解，行为也会变得更加恰当。而作为五星原则中第三颗星的大脑，则是充当了“转换器”的角色。

第三颗星：大脑

我们的大脑是由数以亿计的神经细胞和神经网络组成的，在这些神经细胞和神经网络的突触之间，不停地迸发着“火花”。这些形成了我们的个性，使我们成为“人”。无论在五星原则还是在其他任何理论当中，大脑都占据着重要的位置。因为没有大脑，我们将无法发展和感知内心需求、个人观点或典型行为。

大脑不能束缚我们

大脑中的下意识和情绪常常使我们难以在特定情况下做出可能会产生效果的行为举止。但是，尽管大脑具有如此巨大的“力量”，我们却并没有任其摆布。我们可以开发、训练它，以便使自己摆脱那些不受欢迎的、不合适的习惯，产生改变，并取得五星级的结果。

前额叶提供了这种可能性。它使我们能够反思、集中和专注。自主和自由意志在这里产生——这是改变我们的观点，从而改变我们行为的重要因素。神经可塑性的第一步，即通过大脑的力量来改变行为方式，就是自我意识和自我反思：

- 我想成为谁？
- 要成为这样的人，我必须改变什么？
- 我如何更改限制条件，以便于专注地达成结果？

心理练习为将来铺平了道路

改变的第二步是“心理练习”。我们在内心中反复想象以目标为导向的行为方式，从而刺激大脑形成新的路径，或者使其脱离并删除已经存在的旧路径。这使我们更容易采取个性化的思考和不同的行动，进而在现实中也可以如此进行。

前额叶为我们提供了四项宝贵的技能：

1. 自我意识

2. 想象力

3. 良知

4. 自由意志

所以，激活你的额叶。你有能力反思自己的思想和行为，想象自己所期盼的结果，对事物进行评估并做出自主的选择。如果你能够对这些技能加以利用，就可以更加频繁地获得五星级结果。

第四颗星：行为

20 世纪初，荣格以其“心理类型学理论”为当今的类型学理论奠定了基础。荣格将外向和内向定义为人类行为的第一个显著特征，对于人们把自己的行为与外部客观世界保持一致的做法，他称为外向。另一方面，性格内向的人则专注于内在的、主观的世界。

荣格后来总结了他的理论，除了内向和外向（我们对世界的反应方式和获取能量的方式），他又发展出两种偏好.

- 思考和感受——我们如何做出决定。
- 直觉和认知——我们如何记录和处理信息。

荣格的发现一直影响着现代心理学，诸如舍伦研究所或一些咨询公司使用这些理论来培训和支持个人、团队以及组织进行“合适的调整”。

四种基本类型

基于荣格的发现，威廉·莫尔顿·马斯顿、凯瑟琳·布里格斯、伊莎贝尔·迈尔斯等人发展了各自的理论。人们据此确定了四种基本类型，并为它们分配了不同的颜色：

1. 实干者
2. 表演者
3. 关系家
4. 分析师

如果我们想改变自己的行为以获得更好的结果，就需要了解自身和他人的行为偏好：

- 什么时候我要有怎样的行为？其他人又会有怎样的行为？
- 什么时候我的行为会得到合适的回应？
- 我什么时候要停止我的行为？
- 我怎样才能根据类型划分来适应其他人的行为偏好？

第五颗星：结果

五星级结果可以满足需求

我们都努力争取五星级的结果，那么，是什么让五星级结果如此有魅力？它们之所以令人向往，是因为可以使我们感觉良好。简言之：它们满足了我们的需求。

五星原则为我们提供了一种理论，可以用来转变个性中的各个“齿轮”：转变观点的指南。它不仅可以帮助我们从不同的角度看待需求、观点和行为方式，而且也可以帮助到身边的人。因为在大多数情况下，我们追求的结果很大程度上还取决于其他人。为自己和他人分析清楚理想的结果是很重要的一件事。

- 你和他人期望的结果是什么？
- 有哪些不同的期望？如何消除由此引起的问题？
- 哪些动机、行为和观点有利于期望的结果？
- 为了达成期望的结果，必须做出哪些改变？

你可以随心所欲地去发挥：有意或无意，行动或不行动——一切都会产生一个结果。但是，如果没有对预期结果做出明确的定义和有所规划的期望，那么理想结果的产生只能在偶然之间。

改变观点，结果更好

无论为了动机、观点和行为方式，还是对结果做出的不同定义——为了获得五星级的结果，我们必须首先做这样一件事：转念。只有这样做，我们才能认识到自己是谁，其他人是谁，以及自身和他人的需求是什么：

- 只有那些知道自己是谁的人，才能认识到自己的潜力并学会利用它们。
- 只有那些反思是什么在驱动自己和他人内心的人，才能获得更高的满足感。
- 只有那些从不同角度看待世界的人，才能成功地面对自己和他人。

使自己意识到期盼的结果

因此，你的个人目标始终应该是明确自己想要的结果——个人的五星级结果。

- 期待的结果在多大程度上可以满足你中长期的需求？
- 你对妨碍你采取相应行动的主题或情况会有什么样的观点？
- 什么样的转念有助于你产生促进结果的行为方式呢？

亨利·福特[17]明确地说过：

> 成功的秘诀，在于把自己的脚放入他人的鞋子里，进而从他人的角度来考虑问题。

我承认，这听起来很容易。哪怕由于工作关系每天都要面对五星级原则因果关系的我，也并非总是能改变观点。但每天也都在进步着。我希望你能够鼓起勇气审视自己的个性，并关注其带来的影响。不要让自己受到外部环境的影响，而是反过来，可以采取一种能够使你更加不同、更有意识的观点来看待外部环境。了解你的需求，有针对性地改变你的观点和行为，通过转变角度，你就可以获得五星级的结果。“我看得到你看不到的”——由这句话引出了本书，它也应该出现在本书的结尾，不过形式略有不同：

> 我看得到其他人看不到的。

虽然对个性的反思往往令人不愉快，甚至是痛苦——我们一直是针对自身的最大的批评者——但这个过程确实可以为认识自己和人际互动提供重要的见解。

我衷心地希望你能在转念方面取得成功，并满怀喜悦地收获由此产生的五星级结果。

---

17. 亨利·福特，美国汽车工程师与企业家，福特汽车公司的创始人。他凭借自己卓越的人格魅力和独特的商业理念，创造了人类工业史上的奇迹。——译者注